Einleitung

Forschungsstand

Da es sich beim Nahostkonflikt, hier definiert als Konflikt um Palästina zwischen Arabern und Juden, insbesondere nach der Staatsgründung Israels 1948, um ein zentrales Ereignis der Moderne handelt, ist es nahezu unmöglich, die gesamte Literatur zu überblicken. Mit dem Gedenkjahr 2018 zur Staatsgründung Israels 1948 hat es noch einmal einen neuen inhaltlichen Schub gegeben. Neben bisherigen, eher klassischen Forschungsschwerpunkten, die vor allem im (inter)nationalen politischen Bereich liegen, aber auch militärische Dimensionen betreffen, geraten auch immer stärker die Alltags- und Sozialgeschichte in Israel und den besetzten Gebieten ins Zentrum der Forschung.

Begründung der didaktisch-methodischen Entscheidungen

Grundsätzlich richten sich die vorliegenden Materialien an Schülerinnen und Schüler der Sekundarstufe II, aber auch an die späte Sekundarstufe I. Der thematische *Schwerpunkt* dieser Arbeitsblätter liegt deutlich beim Kernkonflikt des Nahostkonflikts, dem sog. Palästinakonflikt, was auch von den *Lehrplänen* bzw. den *VGD-Bildungsstandards* gedeckt wird. Die nötige *didaktische Reduktion* gilt daher den inhaltlichen „Randgebieten", wie z. B. dem Sykes-Picot-Abkommen 1916, dem Suezkrieg 1956, dem Libanonkrieg ab 1982, den beiden Golfkriegen, der Roadmap, den Intifadas oder der Rolle des Wasserhaushalts usw., aber auch militärgeschichtlich-regionalen Versteifungen auf einzelne Schlachten oder Gegenden. Der biographische Ansatz, von jeher eine mögliche Herangehensweise an das Thema, wird hier eher gestreift, z. B. mit der Gegenüberstellung von Yassir Arafat versus Jitzchak Rabin. Ein multiperspektivischer Ansatz ist fast immer möglich. Problemorientiert kann durchgehend gearbeitet werden (z. B. *Der „Camp-David-Prozess" 1978/79 – eine Lösung mit Zukunft?*), auch wenn manche Überschriften bei einer neutralen Ausdrucksweise bleiben. Im Bereich der *Quellendidaktik* ist versucht worden, neben neuen, bislang wenig verwendeten Quellen auch auf „Klassiker" nicht zu verzichten. Natürlich gilt das Prinzip der Abwechslung (z. B. Darstellungen, Quellen, Interviews, Karikaturen, Statistiken, Karten, Rezension).

Die Arbeitsblätter zum Zionismus (zeitgenössische Quelle samt dazu kontrastiver Darstellung) und zur direkten Vorgeschichte anhand der Politik der britischen Besatzungsmacht (Quellen und Statistik) sollen vorbereitend wirken. Ab dem Arbeitsblatt zum UN-Teilungsplan 1947 bzw. der Staatsgründung Israels 1948 beginnt dann der eigentliche Konflikt (Statistik, Proklamation, Karikatur). Die folgenden Arbeitsblätter für die Zeit von 1948 (Unabhängigkeitskrieg, hier mit arabischer Karikatur) bis zum Oslo-Prozess (1993) setzen auf einen Materialmix („zwischen Krieg und Frieden") und bieten sich als Grundlage für arbeitsteilige Gruppenarbeiten bzw. Einzel- oder Partnerarbeiten an. Beim Arbeitsblatt zum Gaza-Jericho-Abkommen 1993 geht es darum, mithilfe der vorbereitenden Hausaufgabe (Grundlagenvertrag) die tatsächlichen Ergebnisse mit den eigentlichen Interessenlagen (USA, Russland, Israel, PLO) in einer Podiumsdiskussion miteinander in Bezug zu setzen. Für das Jahr 2002 wird ein biperspektivischer Schwerpunkt gewählt, wenn ein Jahr einmal aus israelischer bzw. aus palästinensischer Sichtweise durchaus unterschiedlich beurteilt wird, um letztlich doch zu ähnlichen Ergebnissen zu kommen. Eine vergleichbare didaktische Vorgehensweise ist auch bei dem Arbeitsblatt zur aktuellen Situation gewählt worden, nur sind es hier jeweils zwei deutsche Betrachtungsweisen, die aufeinandertreffen. Dazwischen gibt es einen Schwerpunkt zur palästinensischen Diplomatie in den 2010er Jahren (mit dazu passender Karikatur) sowie ein sog. Prioritätenspiel, das eben zu keiner einfachen Lösung des Konflikts führen kann/wird. Bei den Anwendungen in die Moderne wird anhand einer Buchrezension ein machbarer Gegenwartsbezug hergestellt, der dem Dreißigjährigen Krieg im Abgleich mit dem Nahostkonflikt eine überraschende Aktualität verleiht. *Erwartbare Lernschwierigkeiten* können z. B. dann auftreten, wenn es ggf. zu Problemen im Umgang mit dem Fachvokabular kommt. Die Arbeitsblätter sind ausgelegt sowohl für eher geschlossene als auch offenere *methodische* Varianten, z. B. Rollenspiel, Podiumsdiskussion, Prioritätenspiel usw., so dass natürlich auch handlungsorientiert gearbeitet werden soll und kann.

Ganz allgemein gilt der Zionismus als Bewegung, die sich für einen jüdischen Staat in Palästina einsetzt.

M1 Theodor Herzl: Eine Lösung der Judenfrage, 1895/96

Ich führe kein neues Ideal vor, es ist im Gegenteil ein sehr altes. Es ist der Gedanke aller – und darin liegt seine Macht –, alt wie das Volk, das nie, auch nicht in den Zeiten schwersten Unglücks, ihn hochzuhalten vergaß. Es ist merkwürdig, daß wir Juden diesen königlichen Traum während der langen Nacht unserer Geschichte geträumt haben. Jetzt bricht der Tag an. Wir brauchen uns bloß den Schlaf aus den Augen reiben. [...] Die Judenfrage besteht. Es wäre töricht, sie zu leugnen. Sie besteht überall, wo Juden in merklicher Anzahl leben. Wo sie nicht ist, da wird sie durch die wandernden Juden eingeschleppt. Wir ziehen natürlich dahin, wo man uns nicht verfolgt: durch unser Erscheinen entsteht dann die Verfolgung. Das ist wahr, muß wahr bleiben, überall, selbst in hochentwickelten Ländern – selbst Frankreich bildet keine Ausnahme –, solange die Judenfrage nicht politisch gelöst ist.

Ich glaube den Antisemitismus, der eine vielfach komplizierte Bewegung ist, zu verstehen. Ich betrachte diese Bewegung als Jude, aber ohne Haß und Furcht. Ich glaube zu erkennen, was im Antisemitismus roher Scherz, gemeiner Brotneid, angeerbtes Vorurteil, religiöse Unduldsamkeit – aber auch, was darin vermeintliche Notwehr ist. [...] In den Hauptländern des Antisemitismus ist dieser eine Folge der Judenemanzipation. Als die Kulturvölker die Unmenschlichkeit der Ausnahmegesetze einsahen und uns freiließen, kam die Freilassung zu spät. Wir hatten uns im Ghetto merkwürdigerweise zu einem Mittelstandsvolk entwickelt und kamen als eine fürchterliche Konkurrenz für den Mittelstand heraus. [...] Ich halte die Judenfrage weder für eine soziale noch für eine religiöse, wenn sie sich auch noch so oder anders färbt. Sie ist eine nationale Frage, und um sie zu lösen, müssen wir vor allem sie zu einer politischen Weltfrage machen, die im Rate der Kulturvölker zu regeln sein wird.

Wir sind ein Volk, *ein* Volk.

Wir haben überall ehrlich versucht, in der uns umgebenden Volksgemeinschaft unterzugehen und nur den Glauben unserer Väter zu bewahren. Man läßt es nicht zu. Vergebens sind wir treue und an manchen Orten sogar überschwengliche Patrioten, vergebens bringen wir dieselben Opfer an Gut und Blut wie unsere Mitbürger, vergebens bemühen wir uns, den Ruhm unserer Vaterländer in Künsten und Wissenschaften, ihren Reichtum durch Handel und Verkehr zu erhöhen. In unseren Vaterländern, in denen wir ja auch schon seit Jahrhunderten wohnen, werden wir als Fremdlinge angesehen. [...] Wir sind ein Volk – der Feind macht uns ohne unseren Willen dazu, wie das immer in der Geschichte so war. In der Bedrängnis stehen wir zusammen, und da entdecken wir plötzlich unsere Kraft.

Ja, wir haben die Kraft, einen Staat, und zwar einen Musterstaat zu bilden. Wir haben alle Mittel, die dazu nötig sind. [...] Man gebe uns die Souveränität eines für unsere gerechten Volksbedürfnisse genügenden Stückes der Erdoberfläche, alles andere werden wir selbst besorgen. [...]

Herzl, Theodor: Gesammelte Zionistische Werke. Berlin 1934, S. 523 ff.

M2 Schalom Ben-Chorin: Geburtsfehler des Zionismus, 1991

Der Zionismus litt an einem Geburtsfehler. Er verstand sich als die Freiheitsbewegung des jüdischen Volkes unter dem Motto: Für das Volk ohne Land, das Land ohne Volk.

Das war klar und eingängig – aber falsch. In der Tat war das jüdische Volk ein Volk ohne Land, aber Palästina war nicht ein Land ohne Volk. Freilich war es überaus dünn besiedelt, aber leer war es nicht. Es gibt wahrscheinlich keine leeren Länder, wenn man von den Weiten der Wüste absieht. Die Bevölkerung Palästinas aber litt – und das bis heute – an einem Mangel an „Adresse". Die Fellachen und Beduinen in den Gründerjahren des Zionismus hatten keine Organisation aufzuweisen, die als Partner der Zionistischen Weltorganisation ansprechbar gewesen wäre. [...]

Jahrhundertelang gab es keine palästinensische Identität. Die Araber empfanden sich als Araber, nicht als Palästinenser, da Palästina, inklusive dem heutigen Jordanien, mit Syrien eine geopolitische Einheit bildete. Sie hatten nie einen eigenen Staat, denn das Land war immer fremden Mächten und Reichen untertan.

Ben-Chorin, Schalom: Nachwort. „Weh dir, daß du ein Enkel bist". In: von Benda, Roswitha: Dieses Land pack' ich nicht. Junge Deutsche in Israel und der Westbank. München 1991, S. 132–142, hier S. 139.

1. Fasse die Politik Theodor Herzls Ende des 19. Jahrhunderts zusammen.
2. Beziehe im Anschluss daran vergleichend die Aussagen Schaloms auf die Herzlschen Aussagen.

M1 Balfour-Erklärung: Ministerium des Äußeren, 2.11.1917

Mein lieber Lord Rothschild!

Zu meiner großen Genugtuung übermittle ich Ihnen namens S.M. Regierung die folgende Sympathie-Erklärung mit den jüdisch-zionistischen Bestrebungen, die vom Kabinett geprüft und gebilligt worden ist: Seiner Majestät Regierung betrachtet die Schaffung einer nationalen Heimstätte in Palästina für das jüdische Volk mit Wohlwollen und wird die größten Anstrengungen machen, um die Erreichung dieses Zieles zu erleichtern, wobei klar verstanden werde, dass nichts getan werden soll, was die bürgerlichen und religiösen Rechte bestehender nichtjüdischer Gemeinschaften in Palästina oder die Rechte und die politische Stellung der Juden in irgendeinem anderen Lande beeinträchtigen könnte.

Ich bitte Sie, diese Erklärung zur Kenntnis der Zionistischen Föderation zu bringen. Gez. A. J. Balfour

Aus: Israel. Informationen zur politischen Bildung 27. Bonn 2003, S. 7.

M2 Britisches Weißbuch, 17.5.1939

I/4: Die Regierung Seiner Majestät verkündet jetzt unzweideutig, dass es nicht ihre Politik ist, aus Palästina einen jüdischen Staat werden zu lassen.

I/10/1: Das Ziel der Regierung seiner Majestät ist die Errichtung eines unabhängigen Palästina-Staates innerhalb von zehn Jahren, der Vertragsbeziehungen mit dem Vereinigten Königreich in der Weise hat, dass die wirtschaftlichen und strategischen Interessen beider Länder berücksichtigt werden.

I/10/2: In dem unabhängigen Staat sollen Araber und Juden gemeinsam in der Weise regieren, dass die wesentlichen Interessen jeder Gemeinschaft gesichert sind.

I/13/1: Die jüdische Einwanderung wird in den nächsten fünf Jahren so geregelt, dass die Zahl der jüdischen Einwanderer ungefähr ein Drittel der Gesamtbevölkerung des Landes erreicht – vorausgesetzt, die wirtschaftliche Aufnahmefähigkeit des Landes erlaubt dies [...] Vom April dieses Jahres an werden innerhalb der nächsten fünf Jahre 75.000 Einwanderer zugelassen.

II/13/3: Nach fünf Jahren wird keine jüdische Einwanderung mehr gestattet, es sei denn, die Araber Palästinas wären hierzu bereit.

I/13/4: Die Regierung seiner Majestät ist entschlossen, die illegale Einwanderung zu verhindern.

III/16: Der Hochkommissar erhält Vollmachten, den Landverkauf zu verbieten und zu steuern.

Aus: Israel. Informationen zur politischen Bildung 27. Bonn 2003, S. 7.

M3 Jüdische Einwanderung nach Palästina

Zeitraum	Zahl der Einwanderer	Wichtigste Herkunftsländer
1882–1903	20.000–30.000	Russland
1904–1914	35.000–40.000	Russland, Polen
1919–1923	ca. 35.000	Russland/Sowjetunion, Polen
1924–1931	ca. 80.000	Polen, Sowjetunion
1932–1938	ca. 200.000	Polen, Deutschland
1939–1945	ca. 80.000	Polen, Deutschland, Rumänien, Ungarn, Tschechoslowakei
1946–1948	ca. 56.000	Polen, Rumänien

Nach: Israel. Informationen zur politischen Bildung 27. Bonn 2003, S. 8.

1. Benenne das Grundproblem der britischen Besatzungspolitik (ca. 1920 bis 1947) in Palästina (M1 und M2).
2. Erkläre bei M3 insbesondere die hohe Zahl der jüdischen Einwanderer nach Palästina in den 30ern!

Der UN-Teilungsplan vom 29.11.1947 sollte den Konflikt zwischen Arabern und Juden durch eine Zwei-Staaten-Lösung beenden; der Staat Israel wird am 14.5.1948 ausgerufen.

M1 UN-Teilungsplan, 1947

	qkm	% der Gesamtfläche	jüdische Bewohner	arabische Bewohner
Arabischer Staat	11.600	42,88	9.520	749.010
Jüdischer Staat	15.100	56,47	499.020	509.780
Internationale Zone von Jerusalem	176		99.960	105.540

Der jüdische Staat kommt in den Besitz der ganzen Zitrus-Kulturen, die Palästinas größtes Exportgut darstellen: der beste und ertragreichste Boden [...] fällt dem jüdischen Staat zu. Die Araber als primär landwirtschaftlich orientierte Bevölkerung verlieren ihre Hauptexistenzgrundlage; [...] Der vorgeschlagene arabische Stat könnte nur in Abhängigkeit vom jüdischen Staat und von internationaler Hilfe existieren.

Hollstein, Walter: Kein Frieden um Israel. Frankfurt/M. 1972, S. 157 f. Aus: Tophoven, Rolf: Der israelisch-arabische Konflikt. 5. Aufl. Bonn 1999, S. 29 f.

M2 Unabhängigkeitserklärung, Tel Aviv, 14.5.1948

Im Lande Israels entstand das jüdische Volk. Hier prägte sich sein geistiges, religiöses und politisches Wesen. Hier lebte es frei und unabhängig. Hier schuf es eine nationale und universelle Kultur und schenkte der Welt das Ewige Buch der Bücher. [...] Beseelt von der Kraft der Geschichte und Überlieferung, suchten Juden aller Generationen in ihrem alten Lande wieder Fuß zu fassen. [...] Die Katastrophe, die in unserer Zeit über das jüdische Volk hereinbrach und in Europa Millionen von Juden vernichtete, bewies unwiderleglich aufs Neue, dass das Problem der jüdischen Heimatlosigkeit durch die Wiederherstellung des jüdischen Staates im Lande Israel gelöst werden muss, in einem Staat, dessen Pforten jedem Juden offen stehen, und der dem jüdischen Volk den Rang einer gleichberechtigten Nation in der Völkerfamilie sichert. [...] Am 29. November 1947 fasste die Vollversammlung der Vereinten Nationen einen Beschluss, der die Errichtung eines jüdischen Staates im Lande Israel forderte. [...] Die damalige Anerkennung der staatlichen Existenzberechtigung des jüdischen Volkes durch die Vereinten Nationen ist unwiderruflich. [...] Wir beschließen, dass vom Augenblick der Beendigung des Mandates, heute um Mitternacht, [...] doch nicht später als bis zum 1. Oktober 1948, der Nationalrat als vorläufiger Staatsrat und dessen ausführendes Organ, die Volksverwaltung, als zeitweilige Regierung des jüdischen Staates wirken sollen. Der Name des Staates lautet Israel. Der Staat Israel wird der jüdischen Einwanderung und der Sammlung der Juden im Exil offenstehen. [...] Er wird all seinen Bürgern ohne Unterschied von Religion, Rasse und Geschlecht, soziale und politische Gleichberechtigung verbürgen. Er wird Glaubens- und Gewissensfreiheit, Freiheit der Sprache, Erziehung und Kultur gewährleisten. [...] Wir bieten allen unseren Nachbarstaaten und ihren Völkern die Hand zum Frieden und guter Nachbarschaft. [...]

Aus: Israel. Informationen zur politischen Bildung 27. Bonn 2003, S. 10.

M3 Zeitgenössische Karikatur von Fritz Behrendt

1. Beziehe die Materialien M1 und M2 abwägend aufeinander.
2. Interpretiere die Karikatur.

M1 Fluchterlebnisse

Der 13. Mai 1948 wird unauslöschlich in meiner Erinnerung bleiben. An jenem Tag, weniger als 24 Stunden vor der Proklamation des Staates Israel, floh meine Familie aus Jaffa [bei Tel Aviv], um in Gaza Zuflucht zu suchen. Wir waren umzingelt. Die zionistischen Kampfverbände kontrollierten alle nach Süden führenden Straßen, und uns blieb als Rettung nur noch der Seeweg. Unter einem Granatenhagel der israelischen Artillerie, die in den benachbarten Siedlungen, vor allem in Tel Aviv, in Stellung gegangen war, gingen wir an Bord eines Schiffes – meine Eltern, meine vier Geschwister und ich sowie weitere Mitglieder meiner Familie.

Hunderttausende von Palästinensern machten sich unter oft tragischen Umständen auf den Weg ins Exil. Für mich, der ich noch nicht einmal fünfzehn war, kam die Flucht einer Apokalypse gleich. Tief erschütterte mich der Anblick der Männer, Frauen, Greise und Kinder, die sich, gebeugt unter der Last ihrer Koffer und Bündel, mühsam zu den Kais von Jaffa drängten. Ihre Klageschreie und ihr Schluchzen wurden von ohrenbetäubenden Explosionen begleitet.

Kaum hatte das Schiff die Anker gelichtet, als wir das Schreien einer Frau hörten. Sie hatte gerade festgestellt, daß eines ihrer vier Kinder nicht an Bord des Schiffes war, und verlangte, daß wir zum Hafen zurückkehrten, um das Kind zu suchen. Da wir aber unausgesetzt unter dem Beschuß der jüdischen Kanonen standen, war an eine Umkehr kaum zu denken, ohne das Leben von etwa zwei- bis dreihundert Personen zu gefährden, die auf unserem Schiff zusammengedrängt waren, unter ihnen zahlreiche Kinder. [...]

Das Flehen dieser unglücklichen Frau blieb ohne Antwort. Unter Tränen brach sie zusammen. Einige von uns versuchten, sie zu beruhigen, indem wir ihr versicherten, ihr Kind würde sicherlich gefunden und später nach Gaza gebracht werden. Vergeblich. Ihre Verzweiflung wurde immer größer, und selbst ihr Mann konnte sie nicht beruhigen. Plötzlich verlor sie die Nerven: Sie sprang über die Reling und stürzte sich ins Meer. Ihr Mann, der sie nicht hatte zurückhalten können, sprang ihr nach. Beide konnten nicht schwimmen. Die aufgewühlten Fluten verschlangen sie vor unseren Augen. Wir waren vor Schreck wie gelähmt. [...]

Ijad, Abu: Heimat oder Tod. Düsseldorf 1979. S. 19 f.

M2 Palästinensische Fluchtbewegungen 1948/9

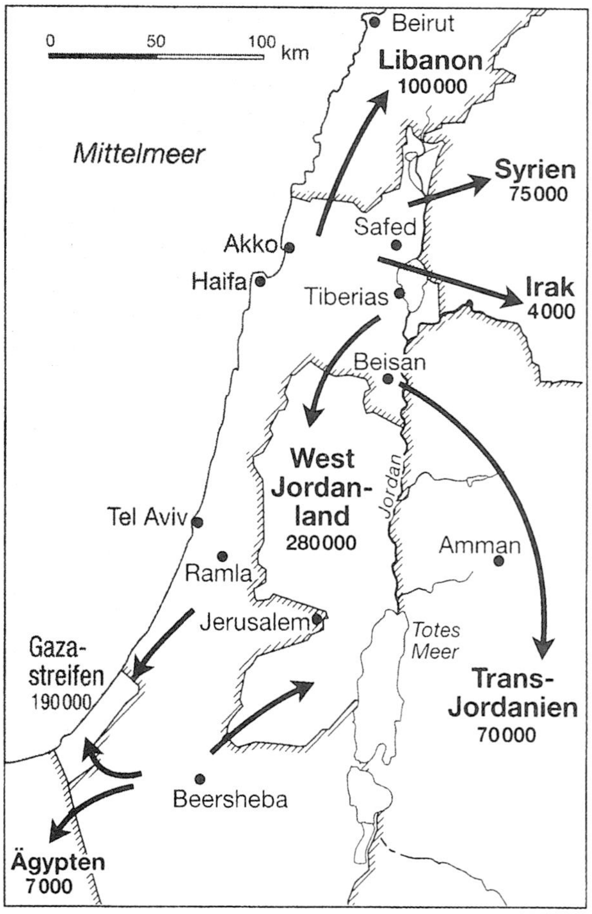

Aus: Tophoven, Rolf: Der israelisch-arabische Konflikt. 5. Aufl. Bonn 1999. S. 59, Westermann Schulbuchverlag.

1 Beziehe die Materialien M1 und M2 aufeinander!

M1 Libanesische Karikatur

Die Kanonenrohre tragen die Namen der Staaten Sudan, Algerien, Ägypten, Saudi-Arabien, Jordanien, Irak, Syrien und Libanon.

Aus: Al Djarida (libanesische Tageszeitung), 31.5.1967.

M2 Das Palästinensische Manifest, Nationalcharta 1968

Art. 1
Palästina ist das Vaterland des palästinensisch-arabischen Volkes und ein integraler Bestandteil des Großen Vaterlandes, und das Volk Palästinas ist ein Teil der Arabischen Nation.

Art. 2
Palästina bildet mit seinen Grenzen, die zur Zeit des britischen Mandats bestanden, eine geschlossene regionale Einheit. [...]

Art. 3
Das palästinensisch-arabische Volk besitzt ein legales Recht auf sein Vaterland, und sobald dessen Befreiung vollendet ist, wird es das Selbstbestimmungsrecht allein nach seinem eigenen Willen und seiner eigenen Wahl ausüben. [...]

Art. 5
Palästinenser sind jene arabischen Bürger, die bis 1947 dauernd in Palästina lebten, ob sie von dort vertrieben wurden oder dort bliebe. Wer immer nach diesem Zeitpunkt innerhalb und außerhalb Palästinas geboren wurde und einen palästinensisch-arabischen Vater hat, ist ein Palästinenser.

Art. 6
Juden, die bis zum Beginn der zionistischen Invasion dauernd in Palästina lebten, werden als Palästinenser betrachtet.

Art. 9
Der bewaffnete Kampf ist der einzige Weg zur Befreiung Palästinas. [...]

Art. 10
Fedajin-Aktionen [=Selbstmordattentate] bilden den Kern des palästinensischen Volkskriegs um die Befreiung. [...]

Art. 14
Das Schicksal der arabischen Nation, ja sogar die Existenz des Arabertums, hängt vom Schicksal der Palästinenserfrage ab. Das Bemühen und die Anstrengung der Arabischen Nation, Palästina zu befreien, leitet sich von dieser Verbindung her. Das Volk Palästinas spielt bei der Verwirklichung dieses heiligen nationalen Ziels die Rolle einer Avantgarde.

Art. 15
Die Befreiung Palästinas ist aus arabischer Sicht eine nationale Pflicht, um die zionistische imperialistische Invasion des Großen Arabischen Vaterlandes zurückzuschlagen und um Palästina von der zionistischen Präsenz zu reinigen. Die arabische Nation, Völker und Regierungen mit dem palästinensisch-arabischen Volk an ihrer Spitze, tragen dafür die volle Verantwortung. Zu diesem Zweck muß die arabische Nation all ihre militärischen, menschlichen, materiellen und geistigen Fähigkeiten mobilisieren, um mit dem palästinensischen Volk aktiv an der Befreiung Palästinas teilzunehmen. [...]

Aus: Tophoven, Rolf: Der israelisch-arabische Konflikt. 5. Aufl. Bonn 1999, S. 60f.

1. Charakterisiere das Verhältnis des jungen Staates Israel zu den arabischen Nachbarstaaten bzw. den Palästinensern.
2. Benenne die zentralen Aussagen des Palästinensischen Manifests!

Der Jom-Kippur-Krieg, arabisch auch Ramadankrieg genannt, dauerte vom 6. bis zum 25.10.1973 – Israel kämpfte erfolgreich gegen verschiedene arabische Nachbarländer.

M1 UN-Resolution Nr. 242, 22.11.1967

Der Sicherheitsrat gibt seiner andauernden Beunruhigung über die ernste Lage im Nahen Osten Ausdruck und unterstreicht, daß es nicht angeht, Territorium durch Krieg zu erobern, und daß es nötig ist, für einen gerechten und dauernden Frieden zu wirken, der es jedem Staat der Region erlaubt, in Sicherheit zu leben. [...] 1. Er bekräftigt, daß die Einhaltung der Prinzipien der Charta es erfordert, daß ein gerechter und dauerhafter Frieden im Nahen Osten erreicht wird, welcher die Anwendung der beiden folgenden Prinzipien umfassen sollte: a) Rückzug israelischer Streitkräfte aus während des jüngsten Konfliktes besetzten Gebieten, b) Einstellung jeglicher kriegerischer Erklärung oder jeglichen kriegerischen Zustandes sowie Respektierung und Anerkennung der Souveränität, der territorialen Integrität und der politischen Unabhängigkeit jeglichen Staates der Region und dessen Recht, in Frieden innerhalb sicherer und anerkannter Grenzen frei von Drohungen oder Gewaltakten zu leben [...]

Aus: Israel. Informationen zu politischen Bildung 247. Bonn 1995, S. 12.

M2 UN-Resolution Nr. 338, 22.10.1973

[...] Der Sicherheitsrat 1. fordert alle an den augenblicklichen Kämpfen beteiligten Parteien auf, das Feuer und alle militärischen Aktivitäten sofort einzustellen, jedoch nicht später als 12 Stunden nach dem Moment der Annahme dieser Entscheidung, in den Positionen, die sie jetzt halten, 2. fordert alle betroffenen Parteien auf, unverzüglich nach der Waffenrufe mit der Befolgung der Sicherheitsresolution 242 in allen Teilen zu beginnen, 3. beschließt, daß unverzüglich und im Gleichlauf mit der Feuereinstellung Verhandlungen zwischen den betroffenen Parteien unter einer angemessenen Schirmherrschaft mit dem Ziel eines gerechten und dauerhaften Friedens im Nahen Osten beginnen.

Aus: Israel. Informationen zu politischen Bildung 247. Bonn 1995, S. 12.

M3 Vergleich der Landkarten der Region von und nach dem Sechstage-Krieg

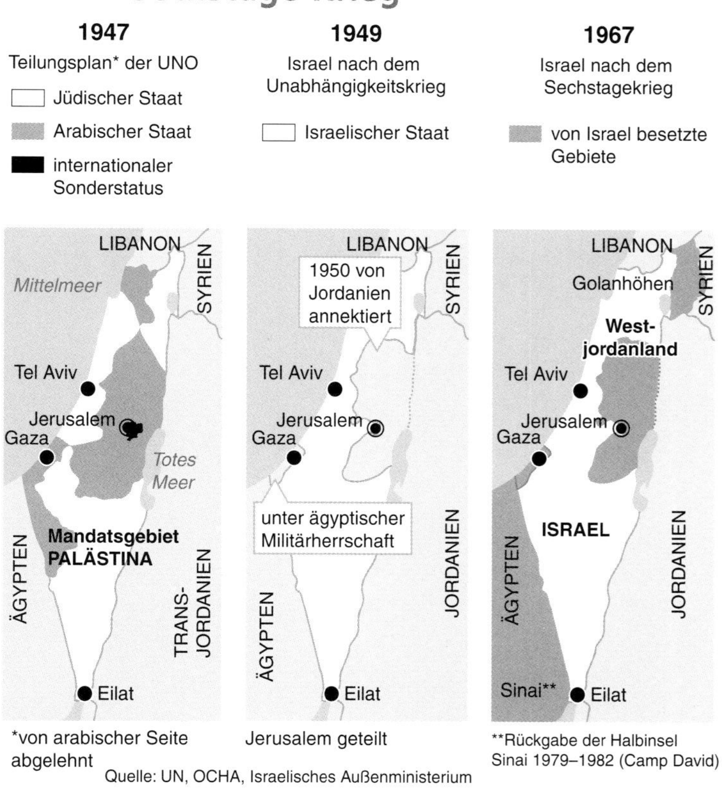

Quelle: UN, OCHA, Israelisches Außenministerium

© dpa-infografik, Globus 12433

1. Vergleiche die Aussagen der beiden UN-Resolutionen miteinander.
2. Fasse die territorialen Änderungen, die der Sechstagekrieg 1967 mit sich brachte, nach einem Kartenvergleich zusammen.

Der Camp-David-Prozess gipfelte im Camp-David-Abkommen (17.9.1978) und war die Voraussetzung für den Israelisch-ägyptischen Friedensvertrag.

M1 Ägyptisch-Israelischer Friedensvertrag, 26.3.1979

Artikel I

Der Kriegszustand wird beendet und Frieden begründet, sobald der Vertrag ratifiziert ist.

Artikel III/a

Die vertragschließenden Parteien erkennen an und respektieren gegenseitig ihre Souveränität, territoriale Integrität und politische Unabhängigkeit. [...]

Anhang I, Artikel I/1

Israel wird spätestens drei Jahre nach der Ratifizierung dieses Vertrages alle seine Truppen und Zivilisten aus dem Sinai zurückziehen [...]

1. Ägypten, Israel und Jordanien werden sich über die Regelungen in Bezug auf die Errichtung der gewählten Körperschaft der Selbstverwaltung für das Westjordanland und Gasa verständigen. Den ägyptischen und jordanischen Delegationen können auch Palästinenser aus dem Westjordanland und Gasa angehören, über die man sich geeinigt hat. [...]

B. Ägypten-Israel

1. Ägypten und Israel kommen überein, bei der Lösung von Streitfragen keine Gewalt anzuwenden. [...]

C. Ergänzende Grundsätze

1. Ägypten und Israel stellen fest, daß die erwähnten Grundsätze und Regelungen auch in Bezug auf Friedensverträge zwischen Israel und allen seinen Nachbarn angewandt werden sollten – Ägypten, Jordanien, Syrien und Libanon.

Aus: Israel. Informationen zur politischen Bildung 247. Bonn 1995, S. 13.

M2 Zeitgenössische Karikatur von Fritz Behrendt, 1978

1. Erstelle aus M1 ein Tafelbild, das die unterschiedlichen Interessen Ägyptens und Israels betont.
2. Interpretiere die vorliegende Karikatur zum Camp-David-Prozess.

Jassir Arafat (1929–2004) war ein palästinensischer Freiheitskämpfer, Jitzchak Rabin (1922–1995) ein israelischer General und Politiker – beide erhielten 1994 den Friedensnobelpreis.

M1 Yassir Arafat: Wir werden kämpfen – und mit uns die Araber

[...] *Arafat:* Ich kenne seine Motive nicht genau, Sadat hat sich in ein Abenteuer gestürzt und ist dessen Gefangener geworden. Dazu kommt noch amerikanischer Druck und schließlich seine psychische Bereitschaft zum Verrat an der arabischen Sache.

Spiegel: Sadat rechnet damit, daß einige arabische Brüder seinem Beispiel folgen und schließlich dem Abkommen mit Israels beitreten, zum Beispiel Jordanien und Saudi-Arabien.

Arafat: Ich glaube nicht, daß es einen einzigen arabischen Politiker gibt, der Sadats Politik gutheißt und ihr folgt. Aber ich bestreite nicht, daß Ägypter, Amerikaner und Israelis bestimmte Araber unter Druck setzen werden, auch bestimmte Palästinenser.

Spiegel: Palästinenser in den besetzten Gebieten?

Arafat: Ich will nicht in Details gehen, aber unsere Gegner meinen wohl, daß sich ein besetztes Volk eher einem Druck beugt. Die Führer aus Westjordanien und Gaza haben aber eine gemeinsame Erklärung abgegeben. Sie lehnen die angestrebte sogenannte Autonomie ab und beharren darauf, daß die PLO die einzige legitime Vertretung des Volks von Palästina ist. [...]

Spiegel: Ihrer Ansicht nach sind wir also jetzt einem Nahost-Frieden nicht näher?

Arafat: Im Gegenteil. Der Friedensvertrag zwischen Ägypten und Israel wird keinen Frieden bringen ...

Aus: Der Spiegel, 19.3.1979, S. 132 ff.

M2 Interview mit Jitzchak Rabin, 1981

[...] *Also ohne Vertreibung der Palästinenser hätte Israels damals nicht ...*

Rabin: Wir haben sie nicht vertrieben. Sie wollten uns vernichten, und daher tragen sie die Verantwortung für den Krieg. Sie haben den Teilungsplan zurückgewiesen, wir waren zur Teilung bereit. Zwischen 1949 und 1967 wandte sich jede israelische Regierung an die arabische Welt, an die ganze Welt, und sagte, wir wollen Frieden innerhalb der Waffenstillstandslinien von 1949.

Sie glauben, es gibt keine palästinensische Forderung, einen unabhängigen Palästinenserstaat in der West Bank und im Gaza-Streifen zu begründen?

Das habe ich nicht gesagt. Aber ich möchte der PLO kein politisches Instrument in Gestalt eines palästinensischen Staates geben, denn ich kenne ihre Absichten. [...] Einige Europäer haben sie dadurch zum Narren gehalten. Gottseidank sind die Amerikaner darauf noch nicht hereingefallen. Ihr Ziel ist es, Israel zu demontieren, aber Israel hat nationalen Selbstmord nie als unsere internationale Verpflichtung aufgefaßt. Nichts für ungut, aber so ist das.

Bednarz, Dieter/Lüders, Michael: Palästina-Protokolle. Bestandsaufnahme und Perspektive. Hannover 1981, S. 85.

M3 Karikatur: „Der Sprung über den eigenen Schatten"

Der Sprung über den eigenen Schatten

Aus: Israel: Informationen zur politischen Bildung 247. Bonn 1995, S. 22.

1. Vergleiche die Aussagen von M1 und M2 miteinander!
2. Interpretiere die Karikatur des Jahres 1993!

M1 Fatah

Fatah ist das Akronym für „Palästinensische Befreiungsbewegung" und bedeutet im Arabischen zugleich „Eroberung". 1959 in Kuwait u. a. durch Jassir Arafat gegründet, hatte sie zunächst das Ziel, Palästina vollständig militärisch zu befreien und dort einen unabhängigen und demokratischen palästinensischen Staat zu gründen. 1969 wurde die Fatah die dominante Fraktion innerhalb der PLO und übernahm deren Führung. Arafat setzte einen schrittweisen Wandel des Programms hin zu einer Zweistaatenregelung durch. Seit 1994 stellt die Fatah auch den Präsidenten der Palästinensischen Autonomiebehörde (1994–2004 Arafat, seit 2005 Mahmud Abbas) und dominiert deren Verwaltungsapparat. Ab 1996 war sie die stärkste Fraktion im Palästinensischen Legislativrat (Parlament), verlor ihre Mehrheit aber bei den Wahlen 2006 an die Hamas. Lokale Fatah-Kader führten die Erste Intifada an. In der Zweiten Intifada spielten die Al-Aksa-Märtyrer-Brigaden der Fatah eine herausragende Rolle im bewaffneten Kampf.

Asseburg, Muriel/Busse, Jan: Der Nahostkonflikt. München 2016, S. 25.

M2 Hamas

Hamas ist das Akronym für „Die islamische Widerstandsbewegung" und bedeutet zugleich auf Arabisch „Eifer". Sie wurde zu Beginn der Ersten Intifada durch die palästinensische Organisation der Muslimbruderschaft unter anderem von Scheich Ahmad Jassin 1987 gegründet, mit dem Zweck, durch bewaffneten Kampf gegen Israel die „Befreiung" ganz Palästinas und die Errichtung eines islamischen Staates zu erreichen. Ihr militärischer Arm, die Kassam-Brigaden, verübte seit 1993 Selbstmordattentate und Anschläge auf israelische Soldaten und Zivilisten in den besetzten Gebieten und im israelischen Kernland. Mit dem Wandel hin zu einer politischen Partei (Teilnahme an Kommunalwahlen 2004/2005 sowie an Parlamentswahlen 2006) fand auch ein Wandel in der Haltung gegenüber Israels statt: Die Hamas zeigte sich zu einer Zweistaatenregelung bereit, wenn diese von der palästinensischen Bevölkerung in einem Referendum angenommen würde. Seit ihrem Wahlsieg 2006 und den bürgerkriegsähnlichen Auseinandersetzungen mit der Fatah im Gaza-Streifen im Juni 2007 stellt die Hamas dort die Regierung. Sie wird von der Europäischen Union, den USA, Israel und (unter Präsident Abdel Fatah al-Sisi) in Ägypten als terroristische Vereinigung eingestuft.

Asseburg, Muriel/Busse, Jan: Der Nahostkonflikt. München 2016, S. 32.

M3 Siedlungen und Trennungsmauer

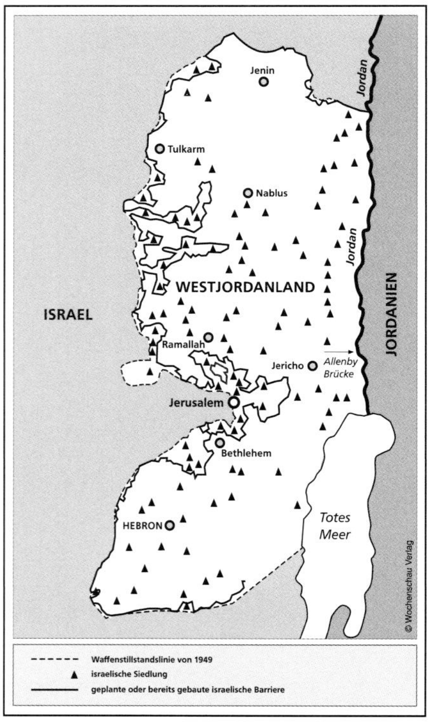

Böhme, Jörn/Sterzing, Christian:
Kleine Geschichte des israelisch-palästinensischen Konflikts.
Frankfurt/M. 2018, S. 85.

1 Stelle die neuen politischen Strukturen in einem Tafelbild zusammen.

M1 Das Gaza-Jericho-Abkommen, 4.5.1994 (Zusammenfassung)

Das Gaza-Jericho-Abkommen ist ein Vertrag über die palästinensische Teilautonomie im Gazastreifen und im Gebiet von Jericho:

1. Sicherheitsregelungen und Rückzug der israelischen Streitkräfte: Gemäß des Sicherheitskonzepts für den Gaza-Streifen und das Gebiet Jericho werden diese Bereiche als von einer israelischen „Sicherheitshülle" umgeben angesehen. Die Hülle soll die Sicherheit vor äußeren Bedrohungen entlang der Grenzen gewährleisten. Die Verantwortung für die innere Sicherheit innerhalb der Hülle ist zwischen Israel und den Palästinensern aufgeteilt. Während Israel für Israelis und für die Siedlungen verantwortlich bleibt, sind die Palästinenser nun für die öffentliche Ordnung und für die innere Sicherheit der Palästinenser verantwortlich.

Der Sicherheits-Anhang des Gaza-Jericho-Abkommens umfaßt folgende Punkte:

- *Rückzug der israelischen Verteidigungs-Streitkräfte:* Als Teil der Gaza-Jericho-Vereinbarung müssen die israelischen Verteidigungs-Streitkräfte aus dem Gaza-Streifen und dem Gebiet Jericho in Zusammenarbeit mit dem neu zu schaffenden israelisch-palästinensischen Ausschuß für Koordination und Kooperation abgezogen werden. [...] Die israelischen Verteidigungs-Streitkräfte werden in spezielle Gebiete wie die Militärzone entlang der ägyptischen Grenze oder in die israelischen Siedlungen verlegt, um den Sicherheitsaufgaben gemäß des Abkommens gerecht zu werden.
- *Sicherheit von Israelis:* Das Abkommen schließt Regelungen zum Schutz der israelischen Siedlungen und der Siedlungs-Blöcke im Gaza-Streifen [...] ein. Die israelischen Verteidigungs-Streitkräfte werden zum Schutz des Blocks Patrouillen entlang des Zauns um den gesamten Block unternehmen. Ein Teil des palästinensischen Lands, das die Siedlungen umgibt, bleibt unter israelischer Sicherheitsverantwortung und unterliegt einigen Einschränkungen hinsichtlich Baumaßnahmen und anderer Angelegenheiten.
- *Sicherheit auf den Straßen:* Israel hat die volle operationale Befugnis für die Sicherheit von Israelis, die auf den Hauptstraßen zwischen den Siedlungen und den angrenzenden Gebieten reisen.
- *Äußere Sicherheit:* Israel behält an allen Übergangsstellen die Kontrolle und Aufsicht über die Einreise von Personen und Fahrzeugen sowie die Einfuhr von Waffen. Israel behält die Kontrolle der Sicherheit zur See und in der Luft.
- *Sicherer Transit:* Israel wird tagsüber den sicheren Transit des palästinensischen Personen- und Güterverkehrs zwischen dem Gaza-Streifen und dem Gebiet Jericho gewährleisten.
- *Palästinensische Sicherheit:* Die palästinensische Polizei wird unter der Aufsicht der palästinensischen Behörde eingesetzt und ist für die innere Sicherheit und die öffentliche Ordnung verantwortlich. Sie wird 9000 Polizisten umfassen, von denen 7000 von außerhalb der Gebiete kommen können. [...]
- *Die Freilassung palästinensischer Gefangener:* Etwa 5000 palästinensische Gefangene, die nicht an anti-israelischen Terroranschlägen mit tödlichem Ausgang beteiligt waren, werden freigelassen. [...]

3. Rechtliche Angelegenheiten

Die Rechtsprechung der palästinensischen Rechtsbehörde erstreckt sich auf alle Angelegenheiten, die – wie in dem Abkommen beschrieben – unter ihre territoriale, funktionale und personelle Hoheit fallen. Sie erstreckt sich nicht auf israelische Bürger, israelische Siedlungen oder auf Verantwortungsbereiche, die den Palästinensern nicht übertragen wurden, wie zum Beispiel Außenpolitik. [...]

4. Wirtschaftliche Beziehungen

- *Import:* Gemäß des Gaza-Jericho-Abkommens werden Israel und die palästinensische Behörde ihre Einfuhrbestimmungen in allen Fragen des Imports und der Zölle ähnlich gestalten. Die palästinensische Behörde kann darüber hinaus beiderseitig vereinbarte Güter zu Zöllen, die von den in Israel geltenden abweichen, importieren. Sie kann auch in begrenzten Mengen Güter aus arabischen Staaten einführen.
- *Lokale Märkte und Tourismus:* Für Güter, die in den Selbstverwaltungsgebieten produziert werden, wird es freien Warenverkehr geben. Landwirtschaftliche Produkte aus den Selbstverwaltungsgebieten können frei nach Israel eingeführt werden, mit Ausnahme von Tomaten, Gurken, Kartoffeln, Eiern und Geflügel, für die Importquoten gelten. Touristen können sich frei zwischen Israel und den Selbstverwaltungsgebieten bewegen. [...]
- *Arbeit:* Das Leitprinzip in diesem Bereich ist, Arbeitskräften beider Seiten Freizügigkeit zu ermöglichen. Die Rechte der in Israel beschäftigten Palästinenser bleiben bestehen, bis die palästinensische Behörde ein eigenes System der sozialen Sicherung geschaffen hat.

Aus: Israel. Informationen zur politischen Bildung 247. Bonn 1995, S. 20.

1 Fasse die zentralen Positionen der vorliegenden Quelle zusammen, nachdem du dich auch über den Grundlagenvertrag von 1993 als deren Ausgangspunkt informiert hast.

2 Beurteile die Nachhaltigkeit des Grundlagenvertrags!

M1 Der Osloer Friedensprozess als ein Weg zum Frieden?

Der Autor Abdallah Frangi ist ein palästinensischer Intellektueller und Diplomat, der auch Botschafter in der Bundesrepublik Deutschland war.

Eine Wende zum Besseren ist nur dann zu erwarten, wenn Israel eine Kehrtwendung in Richtung eines „gerechten Friedens" vollzieht. Dies beinhaltet die Anerkennung der legitimen Rechte des palästinensischen Volkes auf einen eigenen Staat – und nicht einiger Bantustans [Bantustaaten] –, das Ende der Landenteignungen und der Zerstörung der Lebensgrundlagen der Menschen, das Ende der Häuserzerstörungen, den Siedlungsstopp, die Freilassung aller Gefangenen, das Rückkehrrecht der Flüchtlinge in ihren eigenen Staat, die Anerkennung Ost-Jerusalems als die Hauptstadt eines unabhängigen Staates, das Ende der Abrieglung und der Kollektivstrafen, das Ende des Krieges gegen das palästinensische Volk und die Anerkennung der Menschenrechte meines Volkes.

Ich bin allerdings der Meinung, dass die israelische Regierung jetzt leider hierzu nicht gewillt ist. Das bedeutet, dass wir, beide Seiten, Israelis und Palästinenser, nicht mehr im Stande sind, allein zu einer politischen Lösung zu gelangen. Daher ist es entscheidend, dass die Vereinigten Staaten, die Europäische Union, Russland und die Vereinten Nationen bei den weiteren Friedensbemühungen eng zusammenarbeiten und so schnell wie möglich eine internationale Konferenz einberufen, an der sich auch die arabischen Staaten, einschließlich Syrien und Libanon beteiligen. Im Grunde genommen muss sich die Arbeit darauf konzentrieren, eine Friedensperspektive für die gesamte Region zu entwickeln. Nur so kann man Besatzung, Terror und Gewalt beenden. Es ist dringend nötig, dass die Menschen in Israel und Palästina endlich ein Leben ohne Angst und Not führen. Dies kann nur erreicht werden, wenn die Palästinenser einen lebensfähigen und gleichberechtigten Staat neben Israel gründen können und die israelischen Streitkräfte sich auch von den 1967 besetzten Gebieten in Syrien und dem Libanon zurückziehen. Nach acht Jahren „Friedensprozess" ist von unseren Hoffnungen und Träumen nichts geblieben. Israel hat es versäumt, die historische Chance zu nutzen und einen gerechten Frieden mit dem palästinensischen Volk zu schließen und sich zugleich in den Nahen Osten als Partner zu integrieren. Die gesamte arabische Welt hat dem Land – in Form des Plans des saudi-arabischen Kronprinzen Abdallah auf dem Arabischen Gipfeltreffen von Beirut Ende März 2002 – die Hand zur Aussöhnung gereicht. Stattdessen setzt Israel weiter auf Hegemonie, Dominanz und Unterdrückung des palästinensischen Volkes. Ministerpräsident Sharon hat Israel in keinen Hort des Friedens verwandelt, sondern mit dem Mauerbau nach dem abschreckenden Beispiel der Berliner Mauer den Grundstein für weitere Trennung und Gewalt gelegt.

Frangi, Abdallah: Der Osloer Friedensprozess als ein Weg zum Frieden?. In: Aus Politik und Zeitgeschichte B 35–36 (2002), S. 24.

M2 Keine Lösung durch Gewalt

Der Autor Avi Primor ist ein Diplomat und Intellektueller aus Israel, der auch Botschafter in der BRD war.

Wie auch schon in der Vergangenheit muss man sich auf die Kontrahenten selbst verlassen. Selbst die Amerikaner haben noch nie einen Friedensprozess im Nahen Osten ins Leben gerufen. Jeder Friedensprozess, ob gelungen oder gescheitert, hat hinter dem Rücken der Amerikaner begonnen. So wussten die Amerikaner von Sadats Friedensinitiative nichts, solange Sadat sie nicht veröffentlicht hatte, so haben die Amerikaner von den Verhandlungen mit der PLO in Oslo nichts geahnt, solange Palästinenser und Israelis diese nicht publik gemacht hatten. Und so war es auch mit dem Friedensprozess mit Jordanien und sogar mit Syrien. [...] Erst wenn die Kontrahenten so weit sind, einen Friedensprozess zu wollen, kommen die Amerikaner als Vermittler in Frage und sind dann auch tatsächlich unentbehrlich. Der erste Schritt muss also vor Ort gemacht werden. Es gibt nur eine Macht, die eine Politik in Israel initiieren und erzwingen kann, und das ist die israelische Bevölkerung. [... Jene] muss man heute von den Friedensabsichten der anderen Seite überzeugen. [...] Klar ist, dass es keine Lösung geben wird, auch nicht für die Israelis, solange die Palästinenser im Elend und ohne Würde leben. Die Israelis werden in keiner glaubwürdigen und endgültigen Art und Weise Ruhe und Sicherheit erzielen können, solange ihre Nachbarbevölkerung unter ihrer Besatzung lebt und deren Kinder nicht dieselben Zukunftschancen bekommen, die ihre eigenen Kinder haben. Klar ist aber auch, dass weder die Palästinenser noch die Israelis ihr Ziel durch Gewalt erreichen können. Die Palästinenser sind nicht mächtig genug, die Israelis zu vertreiben, und die Israelis sind nicht mächtig genug, langfristig über eine andere Bevölkerung zu herrschen. Napoleon sagte einmal, man könne mit Bajonetten vieles erreichen, nur auf ihnen sitzen könne man nicht. Wir sitzen schon allzu lange auf Bajonetten und bräuchten dringend eine Leiter, um herunterzuklettern. Diese Leiter können wir aber nur von unseren Nachbarn bekommen.

Primor, Avi: Keine Lösung durch Gewalt, in: Aus Politik und Zeitgeschichte B 35.36 (2002), S. 15.

1. Arbeite den politischen Stand des Jahres 2002 aus beiden Texten heraus.

M1 Ist ein schneller Frieden überhaupt möglich? 20 konträre Thesen

1. Wenn radikale Palästinenser Israel aus dem Gazastreifen mit Raketen beschießen, muss die israelische Armee dorthin zurückkehren können, um das zu unterbinden.
2. Israel braucht einen starken Schutzwall gegenüber dem Westjordanland, um terroristische Übergriffe zu verhindern.
3. Hamas ist und bleibt eine Terrororganisation. Sie darf Palästina eigentlich nicht regieren.
4. Frieden kann es nur geben, wenn Israel sich hinter die Grenzen von 1967 zurückzieht und den Staat Palästina im Gazastreifen und Westjordanland mit Ost-Jerusalem als Hauptstadt anerkennt.
5. Israel wird seine großen Siedlungen im Westjordanland nicht aufgeben.
6. Das gesamte ehemalige Mandatsgebiet Palästina ist arabisch. Ein jüdischer Staat hat hier keine Existenzberechtigung.
7. Die Hamas-Regierung ist demokratisch gewählt und hat daher auch das Recht, die Autonomiegebiete zu regieren.
8. Israel muss die Mauer, die es um das Westjordanland baut, wieder abreißen.
9. Hamas muss Israels Existenzrecht genauso anerkennen, wie dies 1993 die PLO in Oslo getan hat.
10. Nachdem Israel alle Siedlungen im Gazastreifen aufgegeben hat, sollte es dies auch im Westjordanland tun.
11. Es gibt schon einen Palästinenserstaat, nämlich Jordanien. Da ist Platz genug, um alle im Gazastreifen und dem Westjordanland lebenden Palästinenser aufzunehmen und am besten auch gleich die arabischen Bürger Israels.
12. Palästina braucht eine wirkliche Unabhängigkeit von Israel, d. h. offene Grenzen zu Ägypten und Jordanien und zum Mittelmeer.
13. Solange Israel auf palästinensischem Gebiet Siedlungen unterhält, werden sich die Palästinenser auch mit Waffengewalt gegen Israel wehren.
14. Die Vereinten Nationen sollten eine Blauhelmtruppe an die Grenzen zwischen Israel und dem künftigen Palästina schicken.
15. Es war politisch richtig, nachvollziehbar und höchste Zeit, dass US-Präsident Donald Trump den Sitz der US-Botschaft im Jahre 2018 endlich nach Jerusalem verlegt hat.
16. Die Verlegung der US-amerikanischen Botschaft 2018 von Tel Aviv nach Jerusalem war politisch einseitig und soll wieder rückgängig gemacht werden.
17. Der „Deal“ des US-Präsidenten Donald Trump aus dem Jahr 2020 in Bezug auf den Nahostkonflikt ist so ausgewogen und für beide Konfliktseiten fair, dass man davon ausgehen kann, dass demnächst eine konkrete Lösung gefunden werden kann.
18. Donald Trumps aktuelle Lösungsskizze für den Nahostkonflikt zwischen Israel einerseits und den palästinensischen Gebieten andererseits benachteiligt die Palästinenser so gravierend, dass er eher als Rückschlag in den Beziehungen der Konfliktparteien gelten kann.
19. Die im Frühjahr 2020 nach drei Parlamentswahlen neu gebildete Große Koalition in Israel inkludiert neben Ministerpräsident Benjamin Nethanjahu auch den politisch gemäßigteren Ex-General und wahrscheinlich neuen Verteidigungsminister Benny Gantz, was ggf. zu einer Entspannung vor Ort führen könnte.
20. Die Große Koalition in Israel wird an der grundsätzlich antipalästinensischen Außenpolitik wahrscheinlich wenig ändern, weil Israels Bevölkerung mit dem Sicherheitskonzept des Landes gegenüber den unmittelbaren Nachbarn in der Region eigentlich mehrheitlich zufrieden ist.

Nach: Meyer, Berthold: Frieden in Palästina – was tun?, S. B, 3, in: Friedenschancen im Nahen Osten? Themenblätter im Unterricht 61 (Frühjahr 2007). Hg. v. der Bundeszentrale für politische Bildung. Bonn 2007.

1. Teilt euch in drei Gruppen auf (Israelis, Palästinenser, internationale Vermittler/Nahostquartett: USA, Russland, EU, UNO) und diskutiert die obigen, thesenartigen Punkte.
2. Streicht begründet diejenigen, die nicht zu eurer jeweiligen Rolle passen.
3. Bündelt die jeweils übrigen Forderungen zu drei inhaltlichen Oberpunkten.
4. Ordnet die eigenen Punkte begründet hinsichtlich ihrer Priorität.
5. Vergleicht am Ende anhand einer Tabelle die Ergebnisse und beurteilt die Wahrscheinlichkeit eines möglichen Friedens im Nahen Osten.

M1 Palästina in der UN 2011–2017

[...] Nach fast zwanzig Jahren eines weitgehend ergebnislosen Friedensprozesses waren die Palästinenser einem eigenständigen palästinensischen Staat kaum näher gekommen. Man setzte in Ramallah nun auf eine Internationalisierung des Konflikts durch den Antrag auf Aufnahme des Staates Palästina in die Vereinten Nationen, der am 23. September 2011 eingebracht wurde. Präsident Abbas betonte immer wieder, der UN-Antrag bedeute keine grundsätzlich neue oder andere Strategie. Vielmehr stelle der Gang zur UN nur die zweite Wahl dar und keinesfalls eine Alternative zu Verhandlungen. Der Aufnahmeantrag wurde von palästinensischer Seite vor allem damit begründet, dass eine Aufnahme als Staat quasi die angestrebte Zwei-Staaten-Regelung kodifizieren würde. Wird Palästina nämlich als Staat anerkannt, würde die Widerrechtlichkeit der israelischen Besatzung offenbar. Es könnte dann nicht mehr die Rede sein von „verwalteten", „herrenlosen" oder „umstrittenen" Gebieten. Eine Beendigung dieses völkerrechtswidrigen Status würde damit praktisch zu einem völkerrechtlichen Imperativ. [...] Doch bislang ist dem Antrag kein Erfolg beschieden. Nach einem monatelangen diplomatischen Pokerspiel wurde der Antrag im Sicherheitsrat zunächst auf Eis gelegt, da die erforderliche Mehrheit nicht erreicht werden konnte, zumal die USA ohnehin ihr Veto gegen eine positive Entscheidung angekündigt haben. So wählte Präsident Abbas in der UN die lange diskutierte „zweitbeste Option": Aufnahme des Staates Palästina als „Beobachterstaat" in die UN durch Beschluss der Generalversammlung – ein dem Vatikan vergleichbarer Status mit weitreichenden Rechten, der keine Zustimmung des Sicherheitsrates voraussetzt. Am symbolträchtigen 29. November 2012 – dem Jahrestag des Teilungsbeschlusses von 1947 – stimmte die Mehrheit der UN-Generalversammlung mit 138 Stimmen dafür bei 41 Enthaltungen (darunter Deutschland) und neun Gegenstimmen (Israel und die USA, ferner Kanada, Tschechien, Panama, die Marschall Inseln, Mikronesien, Nauru und Palau). Israel kündigte am nächsten Tag als „Strafmaßnahme" den Bau von Tausenden von Wohnungen in den besetzten Gebieten und die Zurückhaltung von Steuereinnahmen an, die an die Palästinensische Autonomieverwaltung weitergeleitet werden müssten. [...].

Erst im April 2014, als sich das Scheitern neuerlicher amerikanischer Vermittlungsversuche abzeichnete, verkündete die Autonomieregierung in Ramallah die Absicht, die Internationalisierungsstrategie wieder aufzunehmen, trat 15 internationalen Abkommen bei und verstärkte damit die internationale Anerkennung des Staates Palästina. Die breite internationale Anerkennung als Staat hat aber Palästina in den letzten Jahren der Unabhängigkeit nicht näher gebracht. Präsident Abbas äußerte in einer Rede vor der UN-Vollversammlung 2015 seine Enttäuschung über die Erfolgslosigkeit aller bilateralen Verhandlungsbemühungen und erklärte, dass Palästina die Oslo-Abkommen aufkündigen werde, wenn Israel vor allem durch seine Siedlungspolitik gegen die Vereinbarungen verstoße.

Böhme, Jörn/Sterzing, Christian: Kleine Geschichte des israelisch-palästinensischen Konflikts. 8., überarb., erw. und aktual. Aufl. Frankfurt/M. 2018, S. 117 f.

M2 Zeitgenössische Karikatur von Gerhard Mester

Aus: Naher Osten. Nachbarregion im Wandel. Informationen zur politischen Bildung 317. Bonn 2012, S. 63.

1. Erkläre die palästinensische „UN-Strategie".
2. Interpretiere die Karikatur.

M1 Ausblick

Neben dem Machtungleichgewicht zwischen den beiden Kontrahenten ist ein wichtiges Hindernis für jegliche Konfliktregelung, wie immer sie im Detail aussähe, eine mittlerweile tief verwurzelte, wechselseitige Entfremdung zwischen beiden Bevölkerungen. [...] Die Realisierung einer Zweistaatenregelung wird damit immer unwahrscheinlicher, während sich gleichzeitig die Einstaatenrealität zunehmend verfestigt. Die sinkende Zustimmung zur Zweistaatenregelung in den Bevölkerungen spiegelt dies wider und stellt ein zusätzliches Hindernis für eine Regelung dar. Dennoch bleibt die Zweistaatenregelung sowohl für die internationale Gemeinschaft als auch für die führenden politischen Kräfte der Konfliktparteien bislang der Hauptbezugspunkt zur Lösung des Nahostkonflikts, wenn auch teils nur als Lippenbekenntnis. Zugleich fehlt den beiden politischen Führungen der Wille, die entsprechenden Kompromisse einzugehen, die für eine Umsetzung notwendig wären. Da sich Israelis und Palästinenser aufgrund der israelischen Dominanz nicht auf Augenhöhe begegnen, wäre eine verstärkte internationale Einmischung und Vermittlung, die die Sorgen und Interessen beider Seiten aufnimmt, von zentraler Bedeutung, um Fortschritte zu erzielen. [...] Zugleich müsste eine Konfliktregelung auch die Nachbarstaaten einbeziehen, da insbesondere die palästinensische Flüchtlingsfrage eine regionale Dimension hat. Grundsätzlich bietet sich für Israel die Chance, auf Basis der Arabischen Friedensinitiative von 2002 mit allen arabischen und islamischen Ländern Frieden zu schließen. Doch auch wenn die Streitpunkte Israels mit seinen Nachbarn Libanon und Syrien von der Substanz her deutlich einfacher zu regeln sind als mit den Palästinensern, ist – vor dem Hintergrund des Bürgerkriegs in Syrien und des Kampfes um regionale Hegemonie zwischen Iran und Saudi-Arabien – auf absehbare Zeit weder eine Regelung der regionalen Dimensionen des Palästina-Konflikts noch eine Einigung auf ein israelisch-syrisches oder ein israelisch-libanesisches Friedensabkommen wahrscheinlich. [...]

Asseburg, Muriel/Busse, Jan: Der Nahostkonflikt. München 2016. S. 117 f.

M2 Nur ein Traum?

[...] Jeder kennt die Lösung: zwei Staaten, die Palästinenserflagge über Ostjerusalem, ein Gebietstausch, der die grenznahen Siedlungen in Israel belässt und die Palästinenser andernorts entschädigt. Just diesen Deal hat Abbas 2008 verschmäht; seitdem verweigert er den direkten Dialog. Abbas, der sich seit 2005 keiner Wahl stellt, präsentiert auch keine Gegenentwürfe. Das Mantra lautet: „Wir wollen unser Recht." Das passt Netanjahu und seiner Rechts-Koalition gut in den Kram. Hier wird arrondiert, dort eine Siedlung aus- oder [...] aufgebaut. Wie will Trump so den „ultimativen Deal" schaffen? Ein perfektes Paradox: Der Status quo ist unhaltbar, aber für beide erträglicher als ein Deal, müssten doch beide ihre Träume opfern. Israel müsste das halbe Jerusalem ab- und die Siedlungen im Inneren des Westjordanlandes aufgeben. Damit riskierte es den Bürgerkrieg. Die Palästinenser müssten Israel als Staat der Juden anerkennen, auf Haifa verzichten, um Hebron zu kriegen. Das Rückkehrrecht wäre rationiert. Ein Abbas, der diese Lösung unterschreibt, wäre ein toter Mann. Dann lieber den Status quo, auch wenn der sich stetig gegen die Palästinenser wendet. [...]

Joffe, Josef: Nur ein Traum?. In: Die Zeit, 1.6.2017, S. 1.

M3 Ein neues Angebot

Andrea Backhaus: Herr Schmale [Direktor des UN-Hilfswerks für Palästina-Flüchtlinge UNRWA], für seinen Friedensplan wurde Jared Kushner viel kritisiert. Wie sehen Sie das Vorhaben?

Matthias Schmale: Es folgt dem bisherigen chaotischen Ansatz der Trump-Regierung. Nach dem Motto: Es kann nicht so weitergehen, also setzen wir alles ab, was bisher gemacht wurde. Dabei schlägt Kushner keine wirkliche Alternative vor, denn eine politische Lösung, mit der neben den Israelis auch die Palästinenser einverstanden sein könnten, hat er nicht.

Andrea Backhaus: Offenbar glaubt Kushner, er könnte den Konflikt allein mit Investitionen lösen.

Matthias Schmale: Es ist richtig zu versuchen, nach 70 Jahren einen anderen Gang einzulegen. Viele Probleme würden sich erheblich verringern, wenn es eine ökonomische Regenerierung und Investitionen gäbe. Aber was ist der politische Preis, den die Palästinenser dafür bezahlen müssen? Es ist eine Illusion zu glauben, dass sie für wirtschaftliche Erholung ihr Recht auf einen eigenen Staat aufgeben oder auf Menschenrechte verzichten würden. Auch sind im US-Haushalt derzeit keine Gelder für eine ökonomische Regenerierung im Gazastreifen vorgesehen. Ob es diese Finanzhilfen geben wird, hängt also davon ab, ob andere Staaten und der Privatsektor bereit sind, zu investieren. Es ist aber naiv zu denken, dass jemand in eine Region investiert, die politisch instabil ist und deshalb nur wenig Perspektiven für wirtschaftlichen Erfolg bietet. [...]

„Es könnte eine Hungerkatastrophe geben". Interview mit Matthias Schmale. In: Zeit online, 8.7.2019.

1 Skizziere den aktuellen Stand im Palästinakonflikt anhand der drei Materialien.

M1 „Der Dreißigjährige Krieg" – eine Blaupause für heutige Kriege?

Der Historiker Herfried Münkler analysiert in „Der Dreißigjährige Krieg" minutiös damalige Schlachten und strategische Schachzüge. Zugleich geht er der Frage nach, ob Kriegsunternehmer vergleichbar sind mit heutigen Warlords. „Ist der Dreißigjährige Krieg womöglich so etwas wie eine Blaupause für die Kriege des 21. Jahrhunderts?" Mit dieser Leitfrage strebt der Politikwissenschaftler Herfried Münkler an, sich von einer als „antiquarisch" kritisierten, rein quellen- und faktenbezogenen Geschichtswissenschaft deutlich abzuheben. Vielmehr versucht er aus der theoretischen Abstraktion einzelner Kriegsphasen „analoge Strukturen" herauszudestillieren, die sich auf die heutigen Kriege im Nahen Osten, in der Maghrebregion und in der Sahelzone übertragen lassen und so deren Verständnis vertiefen. [...] Denn der Zweck dieser ausufernden Schlachtendarstellungen bleibt fraglich – ist doch die Kriegstechnik von damals für irgendeine „strukturelle Analogie" zur Gegenwart viel zu verschieden von der heutigen.

Von dieser Schwäche abgesehen gelingt es Münkler glänzend, die verschiedenen Kriegsformen zu differenzieren, ihre jeweiligen politischen Implikationen zu analysieren und das höchst verwickelte Knäuel unterschiedlichster Interessen und gleichzeitiger Handlungsverläufe zu sezieren. Erst dadurch wird das Vertragswerk von 1648 und seine damit geschaffene neue Ordnung Europas als ein diplomatisches Meisterwerk deutlich, das in der Tat verführt, es auf heutige Friedensbemühungen im Nahen Osten zu übertragen.

Sind die Kriegsunternehmer von damals, wie Wallenstein und von Mansfeld, nicht vergleichbar den heutigen Warlords, die mit ihren Stammesgenossen im Afghanistan-Krieg ihr brutales Kriegsgeschäft betreiben? Hatte die Religion in diesem Konfessionskrieg die Gewaltbereitschaft der Kombattanten nicht genauso erhört wie der islamistische Dschihad heute? Hat die Entstaatlichung des Krieges durch marodierende Banden ganze Regionen nicht genauso verwüstet und ihre Bewohner vertrieben wie heute der IS und die verschiedenen radikalen Splittergruppen im Nahen Osten? Verlängern nicht heute externe Mächte den Nahost-Krieg genauso wie damals das Eingreifen Schwedens und Frankreichs den Dreißigjährigen Krieg?

Als der Krieg nach Erschöpfung fast aller menschlicher und materieller Ressourcen endete, gelang es, den Konfessionskonflikt zu befrieden. Die umstrittene Vorherrschaft der Habsburger im Römischen Reich deutscher Nation wurde bestätigt und das Kriegswesen wurde verstaatlicht. All das lässt sich im Nahen Osten von heute nicht verwirklichen, nach Trumps Anerkennung Jerusalems als Hauptstadt Israels weniger denn je. So bleibt der Erkenntnismehrwert aus den „strukturellen Analogien" am Ende gering, wie Münkler selbst nüchtern eingesteht. Aber wie schon Jacob Burckhardt als Historiker optimistisch wusste: „Das Studium der Geschichte macht nicht klug für ein andermal, sondern nur weise für immer." [...]

Himmelreich, Jörg: „Der Dreißigjährige Krieg" – eine Blaupause für heutige Kriege. Rezension von Herfried Münklers „Der Dreißigjährige Krieg. Europäische Katastrophe und deutsches Traum 1618–1648. In: Deutschlandfunk Kultur (www.deutschlandfunkkultur.de), 11.12.2017.

M2 Frank-Walter Steinmeier über den Nahen Osten

Ich möchte nicht Schweden, Spanien und Frankreich von einst mit den heutigen Akteuren, ob regional oder international, gleichsetzen. Dennoch gibt uns der Kongress von 1648 wichtige Anregungen, Mahnungen und Alternativen. [...] Und er ermutigt uns eben auch: Damals hat es Jahre gedauert, bis der Kongress zu Ergebnissen kam. Und während dessen schweigen keinesfalls die Waffen; im Gegenteil versuchten die Beteiligten permanent, die Verhandlungen durch Geländegewinne an der Front zu beeinflussen. [...] Westfalen lehrt uns in diesem Sinne auch ein Stück Demut. Es gibt nicht die eine Weltformel, auch ein Jahrhundertwerk wie dieser Frieden hat nicht alle Probleme der Zeit gelöst, und schon gar nicht auf Dauer. [...]
Meine Damen und Herren, der Westfälische Frieden bietet uns keine Blaupause für einen Frieden im Mittleren Osten. Er bietet uns, wenn wir genau genug hinschauen, Instrumente, Methoden und Ideen. Die müssen wir erkennen, herausarbeiten, verfeinern und dann für die aktuelle Diplomatie nutzen. Solche Operationen sind mühsam, aber nach meiner Überzeugung unerlässlich, wenn wir es nicht beim bloßen Management einer blutigen Dauerkrise belassen wollen. [...]

Steinmeier, Frank-Walter: Der Westfälische Frieden als Denkmodell für den Mittleren Osten. Rede von Außenminister Frank-Walter Steinmeier bei den Osnabrücker Friedensgesprächen, 12.7.2016 (www.auswaertiges-amt.de).

1. Prüfe an den in M1 genannten Punkten die mögliche Vergleichbarkeit von Dreißigjährigem Krieg einerseits und Nahostkonflikt andererseits.
2. Lege dar, welche Definition des Nahostkonflikts Münkler und Steinmeier grundsätzlich anbieten!

M1 Rene Wildangel: Grenzgängelei

Der Autor war 2014 Büroleiter der Heinrich-Böll-Stiftung in Ramallah.

Im Jahr 1917 wurde mit der Erklärung des britischen Außenministers Balfour der Grundstein für die „Errichtung einer nationalen Heimstätte für das jüdische Volk" in Palästina gelegt. Der zweite Teil dieser Erklärung ist weniger bekannt. Balfour betonte, dass die „zivilen und religiösen Rechte der nichtjüdischen Gemeinschaft in Palästina" nicht beeinträchtigt werden dürfen. Fast hundert Jahre nach der Balfour-Deklaration hat das britische Parlament für eine Anerkennung des Staates Palästina gestimmt. Schweden hatte das bereits zuvor getan, und nun wollen andere Länder wie Spanien, Irland und Finnland ebenfalls parlamentarische Abstimmungen. Deutschland will das nicht und hat sich auch 2012 bei der UN-Generalversammlung der Stimme enthalten, als es um die Anerkennung Palästinas als Staat mit Beobachterstatus ging – obwohl Deutschland seit Jahren Millionensummen in den sog. Staatsaufbau in Palästina investiert. An der Spitze der Gegner eines eigenständigen Palästinas stehen Israel und die USA. „Diplomatischen Terrorismus" nennt die israelische Regierung die palästinensischen Bemühungen, und die USA beharren auf ihrer Position, dass „unilaterale" Schritte nicht hilfreich seien. [...]

Die amerikanische Position ist nicht nur in diesem Punkt widersprüchlich. So bemerkte US-Außenminister John Kerry jüngst, dass der Aufschub einer Friedenslösung die Radikalen des „Islamischen Staates" stärke. Und im Sommer warnte er, bei einer Aufrechterhaltung der israelischen Besatzung und Siedlungspolitik drohe ein Apartheidstaat. Beide Äußerungen – in Israel sorgten sie für einen Aufschrei der Empörung – sind eine düstere, aber realistische Prognose für die Zukunft des Nahens Ostens, sollten die Verhandlungen über den Status Palästinas weiterhin stillstehen. Zumal mit der aktuellen rechten israelischen Regierung, in der auch Siedlerparteien wie das Jüdische Haus sitzen, kein Staat zu machen ist: Regierungschef Benjamin Netanjahu sagte Anfang Juli, ein Rückzug aus dem Westjordanland – im israelischen Jargon nur *Yehuda we Shimron* (Judäa und Samaria) genannt – sei für ihn nicht vorstellbar. [...]

So steht vor allem der palästinensische Präsident Mahmud Abbas als gescheitert da. Während er seit Jahren verspricht, Verhandlungen seien der richtige Weg zu einem eigenen Staat, setzt Israel seine Siedlungs- und Besatzungspolitik ungehindert fort. Das hat nicht zuletzt die islamistische Hamas gestärkt, die sich während des Krieges im Sommer als einziger Hort des „Widerstandes" präsentierte und trotz der massiven Zerstörung und der vielen zivilen Opfer in Gaza in Umfragen kurzfristig an Popularität gewinnen konnte. Die aktuelle Einheitsregierung, auf die sich Fatah und Hamas einigen konnten, steht auf einem schwachen Fundament.

Was also von Israel und den USA als unilateral verurteilt wird, ist für die palästinensische Führung die allerletzte Möglichkeit, auf diplomatischer Ebene eine Zweistaatenlösung glaubhaft anzustreben. Ende Oktober will die PLO dem UN-Sicherheitsrat einen Zeitplan für eine Beendigung der israelischen Besatzung vorlegen – und schon jetzt drohen die USA mit einem Veto. Anstatt den Zeitplan zu bekämpfen, sollten ihn die EU und das in die Bedeutungslosigkeit gerutschte Nahostquartett auf die politische Tagesordnung setzen. Denn mit welchem Argument soll den Palästinensern verweigert werden, vor den Gremien der internationalen Gemeinschaft die Durchsetzung ihrer Menschenrechte zu ersuchen? Tatsächlich wäre eine Lösung vor den Vereinten Nationen nur folgerichtig, hatte die noch junge Weltorganisation doch 1947 auch über den Teilungsplan entschieden. Heute könnten die UN den palästinensischen Staat schaffen.

Dazu bedarf es mehr als symbolischer Parlamentsbeschlüsse, es braucht konkretes Handeln. So müssen die Gazablockade und die anhaltenden Bewegungseinschränkungen für Palästinenser zwischen Gaza, Ost-Jerusalem und dem Westjordanland, dem zukünftig vorgesehenen Staatsgebiet, aufgehoben werden. Insbesondere ohne die sogenannten C-Gebiete – jene 60 Prozent des Westjordanlands, deren Wasser und fruchtbare landwirtschaftlichen Flächen von den israelischen Siedlungen ausgebeutet werden – kann die palästinensische Wirtschaft nicht auf die Beine kommen. Zudem muss sich Europa endlich mit mehr Nachdruck gegen die illegalen Siedlungen im Westjordanland positionieren: Die Einfuhr von völkerrechtswidrigen Siedlungsprodukten sowie die Einreise gewaltbereiter Siedler in die EU sollten verboten werden.

Natürlich gilt es, berechtigte Sicherheitsinteressen beider Seiten zu unterstützen. Aber internationales Recht muss auch für alle Konfliktparteien gelten. So leuchtet beispielsweise nicht ein, dass sich Europa einerseits für Institutionen wie den Internationalen Strafgerichtshof starkmacht, aber andererseits den Beitritt Palästinas – der zu einer Verfolgung von Kriegsverbrechen auf beiden Seiten führen könnte – verhindern will. Gerade Deutschland hat viel politisches Kapital investiert, um dafür zu sorgen, dass internationales Recht umgesetzt wird, und sollte hier nicht länger mit zweierlei Maß messen. [...]

Das wären erste konkrete Schritte, die auf eine Staatlichkeit und ein Ende der Besatzung abzielen. Sie müssen nun den symbolischen Parlamentsentscheidungen folgen, damit ein palästinensischer Staat entstehen kann, der in Frieden mit seinen Nachbarn lebt.

Wildangel, Rene: Grenzgängelei. In: Die Zeit, 23.10.2014, S. 11.

M2 Aus dem Nahen Osten nichts Neues, Karikatur von Karl-Heinz Schoenfeld

Aus: Die Rheinpfalz, 4.9.2010. [Im Original sind die Figuren links und rechts mit „Siedler" und „Hamas" beschriftet. Für den Einsatz im Unterricht wurde das geschwärzt.]

1. Fassen Sie nach einer quellenkritischen Einordnung die wichtigsten Punkte des Textes zusammen und gelangen Sie zu einem Gesamtfazit.
2. Beurteilen Sie die im Text geäußerten Meinungen vor dem Hintergrund weltweiter aktueller Entwicklungen.
3. Erklären Sie den inhaltlichen Zusammenhang zwischen dem Nahostkonflikt und dem im Text erwähnten „Islamischen Staat" (Z. 12) bzw. der „Zukunft des Nahen Ostens" (Z. 14).
4. Erläutern Sie anhand der konkreten Aufzählung der zentralen Ergebnisse des Gaza-Jericho-Abkommens 1994 die jeweiligen Vor- und Nachteile dieses Vertrages.
5. Interpretieren Sie die Karikatur („Aus dem Nahen Osten nichts Neues") aus dem Jahr 2010.
6. Diskutieren Sie auch anhand konkreter Beispiele die Rolle der Vereinten Nationen im Nahostkonflikt seit ihrer Gründung bis in die Gegenwart.

M1 Der Friede setzt Palästinenserstaat voraus

Aus einer Analyse des Jaffa-Zentrums für Strategische Studien an der Universität von Tel Aviv:

[...] Der Status quo verschlechtert Israels strategische Lage zusehends, die Araber in den besetzten Gebieten wie auch in Israel selbst radikalisieren sich. Die Spannungen zwischen Israel und den USA sowie anderen westlichen Staaten nehmen zu. Eine Autonomie nehmen die Palästinenser nur als Übergangsstadium an – vorausgesetzt, dass am Ende eine palästinensische Souveränität winkt. Eine Annexion wäre noch ärger. Sie entfremdet die USA von Israel und führt vielleicht sogar zu gemeinsamem Handeln von USA und Sowjetunion gegen Israel. Der wirtschaftliche Schaden durch ausbleibende US-Hilfe ist enorm. [...] Eine Räumung des Gazastreifens wird unweigerlich die Errichtung eines palästinensischen Ministaates zur Folge haben, der aber durch keinerlei Verpflichtungen an Israel gebunden ist. Er verwandelt sich infolge seiner Armut über Nacht in ein Zentrum von Terror und Chaos. [...]. Aus all diesen Gründen folgert das Team, dass die Errichtung eines palästinensischen Staates auf einem Teil des Westjordanlandes und des Gazastreifens die einzige Möglichkeit sei, Frieden zu schaffen [...] Israel müsste dabei vier Voraussetzungen akzeptieren: Durch den Status quo wird es auf die Dauer schwächer, nicht stärker. Es kann seine militärische Sicherheit wahren, ohne alle palästinensischen Gebiete besetzt zu halten. Ein palästinensischer Staat stellt nicht unbedingt eine strategische oder terroristische Bedrohung dar. Eine Beilegung des Konfliktes ist nicht ohne Verhandlungen [...] möglich.

Die Palästinenser müssten ihrerseits vier Bedingungen annehmen: 1. Die Anerkennung der legitimen Existenz Israels; totaler Verzicht auf das Rückkehrrecht der Flüchtlinge und auf jedes Gebiet, das Israel schon 1967 besaß. 2. Einen Friedensprozess, bei dem Israel sich im Voraus nicht zu einem endgültigen Ergebnis verpflichtet. 3. Einen langfristigen Übergang von zehn bis 15 Jahren, in dessen Verlauf kein palästinensischer Staat besteht und Israels jetzige Sicherheitsmaßnahmen weiterlaufen. 4. Die Tatsache, dass eine endgültige Beilegung des Konflikts mit Israel Gebietsverzichte im Westjordanland u. Gazastreifen erforderlich macht. [...] Israel wäre aufgerufen, auf einen großen Teil staatlichen Besitzes im Westjordanland bzw. Gazastreifen zu verzichten und keine neuen Siedlungen in diesen Gebieten zu errichten. Die Palästinenser müssten jeglichen Terror einstellen und allmählich ihre Flüchtlinge außerhalb Israels ansiedeln.

Aus: Die Welt, 18.3.1989.

M2 Viel Tips für Palästinenser, Karikatur von Fritz Behrendt

1. Fassen Sie nach einer quellenkritischen Einordnung die wichtigsten Punkte des Textes zusammen und gelangen Sie zu einem Gesamtfazit.
2. Beurteilen Sie die im Text geäußerten Meinungen.
3. Interpretieren Sie die Karikatur des Jahres 1988.

Der Zionismus – Lösung des Konflikts in der Neuzeit?

1. Für Theodor Herzl ist die Lösung der jüdischen Probleme Ende des 19. Jahrhunderts die Schaffung eines kommenden Nationalstaats, weil seiner Meinung nach die bisherigen jüdischen Integrationsversuche in die jeweiligen Gesellschaften trotz guter Absichten letztlich gescheitert sind oder scheitern werden.
2. Schalom argumentiert im Nachhinein so, dass der Slogan „Land ohne Volk für das Volk ohne Land" a priori nicht stimmte, auch wenn die arabische Bevölkerung in Palästina nicht sehr zahlreich war. Von Anfang an hätte eigentlich klar sein müssen, dass sich hier zwei Gruppierungen um ein und dasselbe Land streiten würden.

Die Politik der britischen Besatzungsmacht – aus einem Guss?

1. Die britische Politik kann sich nicht endgültig zwischen der Schaffung eines jüdischen Staats in Palästina und der gleichzeitigen Wahrung der arabischen Rechte und Traditionen vor Ort entscheiden. Dies gilt sowohl für die Balfour-Erklärung als auch für das Weißbuch, also für die Zeit beider Weltkriege.
2. Die Tatsache, dass in den 30er/40er-Jahren mit der Shoa in Deutschland bzw. ganz Europa ein spezielles jüdisches Interesse an einer Staatsgründung in Palästina entsteht, befeuert diesen politischen Konflikt noch zusätzlich.

UN-Teilungsplan 1947 und Staatsgründung 1948 – wie passt das zusammen?

1. Während der UN-Teilungsplan noch ggf. zwei Staaten vorsah – wenn auch die jüdische Seite das wirtschaftlich brauchbarere Gebiet abbekommt – agiert Israel schnell mit der Staatsgründung ein Jahr später. Kurz-, mittel- und langfristig ist der Aussage der Karikatur zuzustimmen, dass sich Großbritannien (Soldat mit Hut, Union Jack und „Back to Britain 1948"-Aufkleber auf der Tasche übergibt die Palästinafrage als Bombe den staunenden Israelis bzw. Palästinensern) wieder nach Hause verabschiedet, ohne das Palästinaproblem nachhaltig gelöst zu haben.

Der Unabhängigkeitskrieg 1948 und seine Folgen

1. Nach der Staatsgründung Israels beginnen die arabischen Nachbarn einen Krieg gegen Israel, das militärisch aber siegreich bleibt und viele Palästinenser zur oft ungewollten Flucht in die Nachbargebiete bzw. -staaten zwingt.

Die Gründung der PLO (ab 1964)

1. Wie die Karikatur eindrucksvoll belegt, wird Israel zum westlich geprägten und von den USA abhängigen Erzfeind inmitten arabischer Nachbarstaaten.
2. Die Interessen der Palästinenser treffen sich dann nahezu folglich in der PLO, der „*P*alestine *L*iberation *O*rganisation", der Palästinensischen Befreiungsorganisation, die den Kampf der arabischen Seite gegen Israel und die palästinensische Befreiung fordert.

Nach dem Sechstage- (1967) und Jom-Kippur-Krieg 1973 – Krieg oder Frieden?

1. Die beiden UN-Resolutionen der Jahre 1967 und 1973 gleichen sich sowohl inhaltlich als auch sprachlich so sehr, dass klar wird, dass nach dem ein oder anderen kriegerischen kleineren militärischen Gemetzel der Ausschlag – quasi bereits traditionell – wieder Richtung Frieden bzw. Waffenruhe gehen soll.
2. Ab 1967 ist die flächenmäßig große Halbinsel Sinai zu Israel gekommen (jene wird dann nach dem Camp-David-Prozess wieder an Ägypten zurückgegeben). Außerdem wird sowohl das Westjordanland (auch „Jericho" oder „Westbank" genannt) als auch der Gazastreifen von Israel besetzt. Auch ganz Jerusalem ist ab 1967 ganz unter israelischer Verwaltung. Erst nach dem Gaza-Jericho-Abkommen in den neunziger Jahren werden aus den besetzten Gebieten (Westjordanland bzw. Gazastreifen) palästinensische Autonomiegebiete.

Der „Camp-David-Prozess" 1978/79 – eine Lösung mit Zukunft?

1. Der „Camp-David-Prozess" 1978/79 – eine Lösung mit Zukunft?

Interessen Ägyptens: Rückgewinnung der Sinaihalbinsel, Besserung des Verhältnisses zu den USA	vs.	Interessen Israels: Anerkennung durch ein arabisches Nachbarland, Aufbrechen der arabischen Einheitsfront
→ Friedensvertrag ohne die PLO → Reaktion der Palästinenser in Zukunft?		

2. Interpretation: US-Präsident Carter bedient nach dem Camp-David-Abkommen 1978 die „Waage der Gerechtigkeit". Auf der linken Seite erkennt man links Israels Ministerpräsident Begin (erkennbar an der typischen Brille und Frisur), direkt rechts neben ihm den ägyptischen Präsidenten Sadat (zu erkennen an Frisur und Bart) – beide schauen wie Carter einigermaßen entsetzt auf die andere, hier rechte Seite der Waage. Dort sieht man sechs wütend schauende und gestikulierende, meist militärisch gekleidete Männer mit arabischem Look. Direkt als Frontfigur erkennbar mit Gewehr, Handgranate und typischem „Palästinenserschal" ist PLO-Chef Arafat. Es ist laut Karikaturist durchaus fraglich, ob das Setzen auf die Kontrahenten Begin und Sadat durch die USA wirklich mehr Frieden („Friedenswaage" ist weiter unten) in die gesamte Nahostregion (rechte Seite der Waage wiegt nur auf den ersten Blick scheinbar leichter) bringen kann.

Zum Arbeitsblatt Der Nahostkonflikt in den frühen 80er Jahren – Arafat gegen Rabin:

1. Anfang der 80er Jahre sind die wichtigsten Gegenspieler im Nahostkonflikt einerseits PLO-Größe Yassir Arafat und andererseits Ex-General Jitzchak Rabin, die einander in traditioneller Abneigung verbunden sind, wie die beiden Interviews deutlich belegen. Im Laufe des sog. Oslo-Friedensprozesses, der sich bis in die 90er Jahre hinein zieht, nähern sich beide Politiker einander so weit an, dass sie jeweils das Gaza-Jericho-Abkommen mithilfe der internationalen Gemeinschaft (v. a. USA, Russland, UNO) miteinander abschließen und dafür auf ihrer jeweiligen Seite nicht nur Applaus dafür bekommen (Rabin wird seine Unterschrift mit dem Leben bezahlen, da er kurze Zeit später von einem rechts gerichteten, israelischen Jurastudenten erschossen wird).
2. Die Karikatur des Jahres 1993 zeigt, dass beide laut Aussage des Karikaturisten über den jeweiligen (militärischen) Schatten springen (müssen), um Wege des Friedens (Palmzweige) beschreiten zu können.

Der Nahostkonflikt ab dem Ende der 80er Jahre – neue politische Strukturen auch vor Ort

1. Am Ende des Kalten Krieges, also Ende der 80er bzw. Anfang der 90er Jahre, ändern sich nicht nur weltweit die internationalen Vorzeichen (z. B. Ende der Sowjetunion, deutsche Wiedervereinigung), sondern auch im Nahen Osten. Mit der Hamas und den Siedlern tauchen jetzt radikale Spieler auf der politischen Bühne auf. Die PLO bzw. Fatah bekommt im eigenen Lager radikale Konkurrenz.

Neue politische Strukturen im Nahen Osten	
Palästinenser Gemäßigte; PLO/Fatah vs. Hamas	**Israel** Gemäßigte; Siedler
→ neue Konflikte sind vorprogrammiert (sowohl zwischen Israel und den Palästinensern, weil mit den Siedlern und Hamas neue Radikale dazugekommen sind, als auch innerhalb beider Seiten) → eine Trennungsmauer zwischen beiden Gruppen wird Realität	

Das Gaza-Jericho-Abkommen 1993/94 – eine echte Friedenschance?

1.

Handlungsmöglichkeiten im September 1993	**Tatsächliches Handeln der Beteiligten 1994**	**Handlungsmöglichkeiten im September 1993**
Israel • Dauerhafter Frieden mit den Nachbarn • Geordneter Rückzug aus den besetzten Gebieten (Was machen die Siedler?) USA • Resolutionen 242 und 338 werden gehalten Frieden im Nahen Osten ist möglich	Regelungen der Sicherheit • Korrekt koordinierter Rückzug der Israelis • Schutz der Siedlungen und Straßen Zivile Regelungen • Sicherer Transit nach Gaza/Westbank • 9000 pal. Polizisten erlaubt • 5000 pal. Gefangene entlassen Rechtliche Regelungen • Trennung der Rechtsprechung und Außenpolitik für Siedler und Palästinenser Wirtschaftliche Beziehungen • Absprache beim Zollwesen, Freizügigkeit für Waren, Arbeitskräfte und Touristen	PLO • Selbstverwaltung für Gaza-Streifen und Westjordanland • Abzug der Israelis • Recht auf eigene Polizei (Was macht Hamas?) Russland • Resolutionen 242 und 338 werden gehalten • Frieden im Nahen Osten ist möglich

2. Insgesamt war das Gaza-Jericho-Abkommen schon ein Schritt in Richtung Frieden. Im Tafelbild jeweils noch in Klammern gesetzt, kam politischer Druck auf beiden Seiten aus der jeweils radikalen Ecke, also den Siedlern bzw. der Hamas – eine Problematik, die letztlich auch 2019 noch nicht endgültig gelöst ist.

Die Situation des Jahres 2002 – eine biperspektivische Zwischenbilanz

1. Abdallah Frangi war ab 1993 Leiter der palästinensischen Botschaft in Deutschland. Er bevorzugt eine Zwei-Staaten-Lösung, den Siedlungsstopp usw., aber auch eine internationale Leitung eines weiteren Friedensprozesses. Den Osloer Friedensprozess sieht er mittlerweile als gescheitert an, weil v. a. Israels Ministerpräsident Ariel Sharon das Friedensangebot der arabischen Welt 2002 nicht angenommen hat, sondern weiterhin auf Unterdrückung setzt – sogar der Mauerbau zwischen Teilen des Westjordanlands und Israels geht auf ihn zurück. Avi Primor widerspricht der These, dass ein neuer Frieden v. a. von der Weltgemeinschaft angestoßen werden sollte. Er bevorzugt auch eine möglichst friedliche Lösung, sieht aber zuerst den Nahen Osten selbst in der Pflicht, erste Schritte gen Frieden zu gehen. Beide sehen zuerst den jeweiligen Nachbarn in der Position, den ersten Schritt in Richtung eines neuen Friedensprozesses zu gehen ...

Prioritätenspiel zur Interessenlage im Palästinakonflikt seit Bau des „Schutzwalls"

Inhalt	Israel	Palästinenser	Nahostquartett
Grenzziehung	1, 2	8, 12	14
Zweistaatlichkeit?	3, 11, 15, 17, 20	6, 7, 16, 18, 19	4, 9
Siedlungsproblem	5	13	10

Da die Interessenlage so unterschiedlich ist, ist ein Frieden im Nahen Osten so schwer vermittelbar. Die Lerngruppen können natürlich nicht das leisten, was die Politik auch nicht schafft, aber sinnvolle und nachvollziehbare Begründungen kann man schon von den Lerngruppen erwarten.

Die Palästinenser setzen auf Diplomatie

1. Die Palästinenser erhoffen sich vom Antrag auf einen UN-Beitritt diplomatischen Druck auf Israel, wobei a priori klar sein musste, dass die USA diesem Ansinnen nicht freundlich gesinnt sein würden. Die zweitbeste Lösung, das Erreichen des „Beobachterstatus", wertet Palästina einerseits diplomatisch auf, sorgt aber andererseits politisch nicht für eine merkliche Verbesserung des palästinensischen Volkes, so dass die Enttäuschung von Präsident Abbas verständlich, aber nicht weiterführend erscheint.
2. Dass sich der israelische Junge nicht über sein palästinensisches Brüderchen freut – erkennbar an den jeweiligen Flaggen – kann man an Gestik und Mimik der beiden ablesen. Die UNO, die 1947 ja eigentlich eine Zwei-Staaten-Lösung anberaumt hatte, ist als Elternteil ja immer noch da, aber insgesamt aktuell mit dem konkreten Fall noch deutlich überfordert ...

Die aktuelle Situation – ein Ausblick, ein Traum und ein neues Angebot

1. Die ersten beiden Texte betonen, dass – theoretisch – eigentlich immer noch die Zwei-Staaten-Lösung aktuell ist. Der Preis, den beide Seiten allerdings dafür bezahlen müssten, ist jeweils so hoch (Anerkennung Israels versus Rückzug der Siedler aus dem Westjordanland/Rückzug aus Ostjerusalem), dass die aktuell herrschenden Politiker (z. B. M. Abbas/Fatah/Autonomiebehörde bzw. B. Netanjahu/Israel) lieber darauf verzichten zugunsten des aktuell gültigen, insgesamt aber auch unbefriedigenden „Status quo". Der vom aktuellen US-Präsidenten Donald Trump über J. Kushner vollmundig anberaumte „Deal" ist momentan erst ein wirtschaftlicher – ohne politisch nachhaltiges Konzept.

Vergleich des Nahostkonflikts mit dem Dreißigjährigen Krieg:

1. Münkler erwähnt vor allem die Vergleichbarkeit einzelner Kriegsunternehmer damals mit heutigen Warlords. Auch verstärken damals wie heute religiöse Motive das Kriegsgeschehen, wobei es sich beim Dreißigjährigen Krieg um konfessionelle Streitigkeiten innerhalb des Christentums handelt, während im Nahen Osten v. a. Judentum und Islam aufeinander treffen. Die Entstaatlichung des Kriegs führt zu größerer Verwüstung, aber die Ausmaße sind schwer mess- und damit belegbar. Auch verlängert das Eingreifen anderer Mächte die Kriege – allerdings handelte es sich am Ende des Dreißigjährigen Kriegs um rein europäische Interessen, während der Nahostkonflikt lokale Interessen international überlagert.
   Ist der Westfälische Friede ein mögliches Vorbild für einen Frieden im Nahen Osten? Wenn das so leicht möglich wäre, gäbe es ggf. schon einen Frieden im Nahostkonflikt. Die Anerkennung Jerusalems als Hauptstadt Israels, die der Text nennt, ist nur eine von vielen Tatsachen, die momentan gegen einen schnellen Frieden im Nahen Osten spricht. Steinmeier verweist vor allem auf die Tatsache, dass ein Friedensschluss nicht automatisch jedes einzelne Problem der Region lösen muss – damals wie heute.
2. Münkler und Steinmeier orientieren sich inhaltlich eher weniger am israelisch-palästinensischen, sondern vielmehr am räumlich weiter geschnittenen Nahostkonflikt.

Zur Kursarbeit:

1. Sekundäre/primäre Traditionsquelle (passende Begründung!), Balfour 1917, jetzt 2. Teil!, GB-Parlament/SWE/andere für Annäherung, BRD nicht trotz Investitionen, USA dagegen wegen „Unilateralismus", Israel: „diplomatischer Terrorismus", John Kerry: Apartheidsstaat/Hilfen, Netanyahu: kein Rückzug aus Westjordanland, Abbas/PLO gescheitert, Hamas wächst, Kompromissregierung Fatah/Hamas, EU soll mit Nahostquartett wieder mitmachen/UNO als Angriffspunkt, gegen Gazablockade, gegen Ausnutzung des Westjordanlands durch Israel, gegen Siedler in Westjordanland, BRD soll nicht doppelzügige Politik vor UN-Strafgerichtshof machen, Fazit: Autor für 2-Staaten-Lösung oder so ähnlich **(18P.)**
2. Rolle von BRD klar wegen Shoavergangenheit – daher Kompromissverhalten sowohl bei UNO-Enthaltung als auch vor UN-Strafgerichtshof nachvollziehbar, „diplomatischer Terrorismus" einseitiger Israel-Blödsinn/krumme Begriffsübertragung, „Apartheidstaat" übertrieben/durchaus Rechte für Araber in Israel, (Trump wird ohnehin einen anderen Kurs fahren als Obama), Schaut der IS vor allem nach Israel? Warum soll sich die GASP-schwache EU da einmischen? Kritik an Gazablock aus

Sicht Israels zurecht wenig nachvollziehbar, da Terrornachschub oft auf diesem Wege ... Autor aus meiner Sicht ab und zu naiv – oder andere überzeugende Punkte! **(9P.)**

3. Nahostkonflikt mit Grundübel im Nahen Osten, da Installierung des jüdischen, westlichen Israels mitten in die Feinde, Umgang mit islamischem Nachbarn als Problem; IS als modernen Versuch der Schaffung eines Kalifats, nach altem Vorbild mit Scharia als Rechtsinstrument nach Vorbild eines Gottesstaats, hält sich nicht an eigentlich etablierte Staatsgrenzen, brutales Vorgehen der z. T. auch aus dem Westen kommender IS-Kämpfer hat z. B. westliche, türkische, aber auch russische Truppen in die Region gebracht, z. B. nach Syrien. Wäre der Nahostkonflikt in Palästina/Israel gelöst, wäre weniger Hass in der Region, ISIS-Definition, Rolle der HAMAS, Schiiten/Sunniten-Problematik oder andere vergleichbare Punkte! **(11P.)**
4. Sicherheit/Rückzug der Israelis, Schutz der Siedlungen, Sicherer Transit nach Gaza-Jericho, 9000 palästinensische Polizisten, 5000 palästinensische Gefangene entlassen, Trennung der Rechtsprechung, Freizügigkeit beim Warenverkehr, Vorteile: konkreter Frieden möglich, fast 2-Staaten-Lösung, Nachteile: Extremisten auf beiden Seiten, Israel kommt latent besser weg (mind. ein Nachteil bzw. Vorteil muss in der Antwort auch vorkommen ... **(11P.)**
5. *Beschreibung* **(6P.)**: Siedler, Israel-Regierungschef Netanjahu, PLO-Abbas, Hamas/Burka, Bombe, Fallstricke; *Erklärung* **(4P.)**: beide Seiten haben Probleme mit Extremisten, Selbstmordattentäter versus Siedlungspolitik, nichts Neues zumindest seit Oslo/Bezug auf das Jahr 2010 = Datum der Karikatur, Anspielung auf Remarques „Im Westen nichts Neues"; *Beurteilung* (1P.): stimmt so/Ausweg ein Staat? **(11P.)**
6. Einseitigkeit nicht von Anfang an: 1922 Völkerbund/1945 Frieden, aber schon bei der Staatsgründung/UN-Teilungsplan nur einmal umgesetzt, Suezkrise/Sinai 1956, UN-Resolutionen 224 bzw. 338 1967 bzw. 1973 (je ein Punkt), Grundproblem der Schutzmächte im UN-Sicherheitsrat durch Pattsituation von USA/GB einerseits versus SU/China andererseits auch bei Oslo und bis heute mit RUS so, Kommentar dazu **(8P.)**

68P. plus 1P. Fachsprache, 1P. Fachmethode (besonders bei Aufgabe 1) – gedacht für vier Unterrichtsstunden als Zeitansatz.

Zur Schriftlichen Überprüfung

1. *Anfangs fünf zentrale Punkte:* Status Quo-Verschlechterung, da Radikalisierung, pal. Autonomie nur, wenn am Ende Staat winkt, Annexion untragbar (auch wegen SU und USA), Räumung von Gaza = Ministaat = Armut, FAZIT: Ideallösung ist der palästinensische Staat aus Westbank und Gaza
   Dann 4 israelische Voraussetzungen: wird schwächer, militärische Sicherheit nur relativ, palästinensischer Staat ist kein Terrorismus per se, Verhandlungen mit PLO usw.
   Anschließend 4 palästinensische Voraussetzungen: Anerkennung Israels, keine Rückkehr der Flüchtlinge/Situation um 1967, Friedensprozess, Gebietsverzichte **(13P.)**
2. Grundlegend ist die Analyse für das Jahr 1989 machbar. Allerdings weist sie auch Schwachpunkte auf: Wird Israel einen palästinensischen Staat losgelöst von Terrorakten sehen können? Wird Israel von einem palästinensischen Staat ohne „Verluste" anerkannt werden können? Summa summarum benennt der Text zwar am Ende die radikalen Kräfte auf beiden Seiten, vermag deren politische und tatsächliche Sprengkraft aber Ende der achtziger Jahre des vorigen Jahrhunderts noch nicht vollkommen richtig einzuschätzen. **(5P.)**
3. Beschreibung: Eine palästinensische Familie (Eltern, Kinder, Großvater) steht sechs Männern gegenüber, die alle gute Ratschläge erteilen; Erklärung (von links): der PLO-Vertreter (wohl Yassir Arafat) kommt mit Steinen, um die Intifada anzukurbeln, der US-Politiker (wohl Mr. Shultz) kommt mit einem deutlichen Zeigefinger bzw. einem Koffer mit der Aufschrift „Ermahnungen", der israelische Politiker (wohl Ministerpräsident Shamir) verweist auf die Bibel und die Textstelle, dass den Juden das gelobte Land zusteht, ein (saudi-)arabischer Scheich wedelt mit US-Dollars, ein (israelischer?) Militär hat gute Ratschläge und ein (ggf. iranischer) islamischer Geistlicher beschwört mit Gestik und Mimik und mithilfe eines Schwerts den Heiligen Krieg („Jihad!"); Beurteilung: Die Karikatur ist sehr zutreffend, da die Palästinenser tatsächlich sehr stark von verschiedenen politischen bzw. religiösen Parteiungen umworben wurden und werden. **(14P.)** *(Die einzelnen Namen der „Ratgeber" sollten nur dann abgefragt werden, wenn jene auch im Unterricht vorgekommen sind. Die Parteiungen, für die sie stehen, sollten im Vorfeld auf jeden Fall unterrichtet worden sein, wenn jene hier konkret abgefragt werden sollen.)*

32P. plus 1P. Fachsprache, 1P. Fachmethode, ca. eine Schulstunde als Zeitansatz.

Auswahlbibliographie

Asseburg, Muriel/Busse, Jan: Der Nahostkonflikt. Geschichte, Positionen, Perspektiven. München 2016. (Aktueller Überblick mit für sich selbst sprechendem Untertitel)

Avnery, Uri: Ein Leben für den Frieden. Klartexte über Israel und Palästina. Heidelberg 2003. (Textsammlung mit Tendenz zur Zwei-Staaten-Lösung)

Baumgarten, Helga: Kampf um Palästina. Was wollen Hamas und Fatah?. Freiburg 2013. (Spezialliteratur zu einem Teilgebiet des Nahostkonflikts)

Böhme, Jörn/Sterzing, Christian: Kleine Geschichte des israelisch-palästinensischen Konflikts. 8., überarb., erw. und aktual. Aufl. Frankfurt/M. 2018. (Topaktueller Klassiker aus dem Wochenschau-Verlag)

Dachs, Gisela (Hg.): Deutsche, Israelis und Palästinenser. Ein schwieriges Verhältnis. Heidelberg 1999. (Berichte verschiedener Nahostkorrespondenten auch aus deutscher Perspektive)

Hessel, Stephane/De Keyser, Veronique: Palästina: Das Versagen Europas. Paris 2013. (Aus dem Französischen übersetzte Studie mit europäischem Blickwinkel)

Israel. Informationen zur politischen Bildung 278. Bonn 2003. (Überarbeitetes Themenheft der bekannten Reihe mit Schwerpunkt auf Israel selbst).

Israel, Palästina und die deutsche Zeitgeschichte. Zeithistorische Forschungen 3/2019

Johannsen, Margret: Der Nahost-Konflikt. Eine Einführung. 4. Aufl. Wiesbaden 2017. (Runderneuertes Lehrbuch und sehr brauchbare Grundlage als Ausgangspunkt in die Thematik)

Meyer, Berthold: Friedenschancen im Nahen Osten? Themenblätter im Unterricht 61. Hg. von der Bundeszentrale für politische Bildung. Bonn 2007. (Schülernahes Unterrichtsmaterial zu verschiedenen Teilthemen des Konflikts).

Naher Osten. Informationen zur politischen Bildung 331. Bonn 2016. (Nachfolgeheft des Bandes von 2012 mit neueren Materialien)

Niehoff, Mirko (Hg.): Nahostkonflikt kontrovers. Perspektiven für die politische Bildung. Schwalbach/Ts. 2016. (Aktuelle Aufsatzsammlung)

Oz, Amos: Liebe Fanatiker. Drei Plädoyers. Berlin 2018. (Letzte Veröffentlichung des zum Jahreswechsel 2018/19 Verstorbenen)

Pabst, Martin: Der Nahostkonflikt. Eine Einführung. Stuttgart 2018. (Wertvolle moderne Darstellung insbesondere aufgrund der Schlusskapitel „Optionen einer Lösung des Nahostkonflikts" bzw. „Ausblick")

Schliwski, Carsten: Geschichte des Staates Israel. 2. Aufl. Ditzingen 2018. (Kurzer, sehr aktueller Überblick aus der Reclam-Reihe)

Steininger, Rolf: Der Nahostkonflikt. 4. Aufl. Frankfurt/M. 2006. (Klassiker)

Tophoven, Rolf: Der israelisch-arabische Konflikt. Bundeszentrale für politische Bildung. 5. Aufl. Bonn 1999. (Äußert detailreiche und daher hilfreiche Materialsammlung).

Wolffsohn, Michael: Wem gehört das Heilige Land? Die Wurzeln des Streits zwischen Juden und Arabern. München 2002. (Fundierte Studie des Konfliktkenners mit Schwerpunkt auf den Konfliktursachen)

www.hagalil.com (Viele z. T. einseitige Informationen zu Israel, Judentum und Nahem Osten)

www.palaestina-portal.eu (Vergleichbar einseitiges Portal, nur aus palästinensischem Blickwinkel)

Zimmermann, Moshe: Die Angst vor dem Frieden. Das israelische Dilemma. Berlin 2010. (Eher düsterer Ausblick hinsichtlich der Angst innerhalb der israelischen Bevölkerung – insbesondere mit rechter Einstellung – vor einer möglichen Zwei-Staaten-Lösung)